Preconceito, Racismo e Política

Coleção Debates
Dirigida por J. Guinsburg

Equipe de Realização – Edição de Texto: Adriano Carvalho Araujo e Sousa; Revisão: Iracema A. Oliveira; Produção: Ricardo W. Neves, Sergio Kon e Luiz Henrique Soares.

anatol rosenfeld
PRECONCEITO, RACISMO E POLÍTICA

ORGANIZAÇÃO E NOTAS:
NANCI FERNANDES

CIP–Brasil. Catalogação-na-Fonte
Sindicato Nacional dos Editores de Livros, RJ

R726p

Rosenfeld, Anatol, 1912-1973
    Preconceito, racismo e política / Anatol Rosenfeld; organização e notas: Nanci Fernandes. – São Paulo: Perspectiva, 2011.
    (Debates; 322)

    Inclui bibliografia
    ISBN 978-85-273-0928-8

    1. Racismo. 2. Preconceitos. 3. Nazismo. 4. Alemanha – Política e governo, 1933-1945. I. Fernandes, Nanci. II. Título. III. Série.

| 11-4600 | CDD: 305.8 |
| | CDU: 323.14 |

| 22.07.11 | 29.07.11 | | 028315 |

1ª edição
[PPD]

Direitos reservados à

EDITORA PERSPECTIVA LTDA.

Av. Brigadeiro Luís Antônio, 3025
01401-000 São Paulo SP Brasil
Telefax: (11) 3885-8388
www.editoraperspectiva.com.br

2019

SUMÁRIO

No Fio da Conversa – *J. Guinsburg* 15
Apresentação – *Nanci Fernandes* 19

1. NAZISMO, RACISMO

As Causas Psicológicas do Nazismo. 23
Espírito Coletivo e Consciência 39
Jean-Paul Sartre:
Reflexões Sobre a Questão Judaica. 48
O Messianismo Judaico e o Nazismo. 59
O Sentido do Racismo 63
Restaram os Arquivos 67
Tinha Hitler Razão? 71
O Poder da Propaganda. 76

O Que Ninguém Deve Esquecer................86

As Estatísticas Não Sangram..................90

Indústrias Reunidas Rosenberg s/a.............93

Os Alemães Não Se Arrependeram.............98

Os Judeus e a Alemanha....................103

O Resultado de uma Política Realista..........110

O Flagelo da Cruz Gamada...................114

A Face de uma Coletividade Escrava...........116

História de um *Partisan* Judeu...............117

2. PRECONCEITO

O "Preconceito Racial".....................123

Arte e Fascismo...........................125

Heinrich Mann e o Antissemitismo...........133

Henrique Mann...........................137

Emil Ludwig e o Leitor do Nosso Tempo.......143

In Memoriam Thomas Mann.................146

Um Grande Mulato: Lima Barreto............148

Denúncia, Advertência e Apelo..............156

3. ISRAEL E A QUESTÃO PALESTINA

A Questão da Palestina....................161

A Consolidação do Estado de Israel...........168

A Realidade de Israel......................170

Uma Utopia Que Se Tornou Realidade.........174

O Caso dos Dois Sargentos.................177

4. POLÍTICA INTERNACIONAL

Motim dos Valores Oprimidos 181

A Crise da Democracia 185

O Embaixador e a Cortina de Papel. 196

O Papel da Imprensa e o Papel de Imprensa. 205

O Processo Histórico e a Energia Atômica 208

O Teste Decisivo 213

Socialismo e Liberdade 217

Entre a Lua e a Terra. 222

*2012, ano do centenário
do nascimento de Anatol Rosenfeld,
in memoriam*

Nenhum homem é uma ilha isolada; cada homem é uma partícula do continente, uma parte da terra; se um torrão é arrastado para o mar, a Europa fica diminuída, como se fosse um promontório, como se fosse a casa dos teus amigos ou a tua própria; a morte de qualquer homem diminui-me, porque sou parte do gênero humano. E por isso não perguntes por quem os sinos dobram; eles dobram por ti

JOHN DONNE, 1571-1631

NO FIO DA CONVERSA

Quando penso na maneira como conheci Anatol Rosenfeld, sempre me vem à mente um leve descolamento entre a figura consagrada do sapiente crítico, cujos erres germânicos punham de sobreaviso, quando não em polvorosa, algumas de nossas eminências intelectuais da esquerda e da direita, e a imagem que se fixou em mim quando tive o seu original pela primeira vez à minha frente: desenhada por uma linha de lábios finos, esgueirava-se um sorriso impreciso entre o irônico e o cético.

É talvez nesse traço que se ancorou a minha lembrança. Pelo menos é a ele que retorno todas as vezes que tento, por qualquer razão, evocar aquele semblante, desde que o vislumbrei num fortuito errar de meus olhos por entre um pequeno grupo de pessoas sentadas ao redor de uma mesa numa palestra sobre o futuro da língua ídiche que, lá pelos idos de 1950, eu proferia a convite de uma entidade judaica. Embora esse futuro continuasse, a despeito de minha boa vontade, tão duvidoso quanto o é agora, minha confiança na possibilidade de seu miraculoso renascimento tropeçou com aquele sorriso vigiado por um par de óculos, lastrado por uma delgada estria de pelos, como bigode, que encimava uma gravata e um paletó jaquetão de corte não muito recente. Seu portador, muito atento, fazia anotações e, vez por outra, descontraía o rosto, repuxando levemente os lábios em quase sorriso. Ao fim de minha exposição, seguiu-se acesa discussão em que cada um dos ouvintes tentou salvar o que pôde do rico acervo da martirizada língua, e na qual, ajeitando ocasionalmente o vinco da calça, sem perder sua postura contida, quase formal, aquela curiosa criatura interveio com discrição e cortesia, mas com grande força de argumentação, a cuja cerrada lógica não pude responder em tudo a contento. Mas nem por isso deixei de levantar a luva, já suspeitando tratar-se de um "ieque", um judeu alemão, que obviamente perdera as "bárbaras" inflexões do ídiche para entregar-se às purezas linguísticas do idioma goethiano. Ele, por seu turno, não se deu por vencido pelos meus inflamados arroubos, e à saída me procurou, apresentando-se como Anatol Rosenfeld, jornalista que viera cobrir a reunião para a *Crônica Israelita*, órgão da Congregação Israelita Paulista, dirigido então pelo dr. Alfred Hirschberg.

E foi assim que, à porta daquele edifício, na praça da República mergulhada na placidez de sua neblina e na serena quietude daquele tempo, começamos eu e Anatol a conversar. O diálogo, ao que parece, engatou, pois prosseguimos em nossa troca verbal pela Barão de Itapetininga até o viaduto do Chá, onde caminhões-tanques da prefeitura já principiavam a higiene urbana que praticam diariamente após a meia-noite no nobre centro da Pauliceia. Nesse curto trajeto pudemos costurar alguns fios de interesses comuns que, por si sós, exigiam largo desenvolvimento, além de notas de rodapé e bibliografias adequadas. Continuamos, pois, a desfiá-los em minha casa alguns dias mais tarde, após um jantar, mais convincente pelo menu verbal do que pelos pratos oferecidos. E esse papo foi se estendendo ao longo dos anos, às segundas-feiras, quando jantava comigo e com Gita, infalivelmente, tão infalivelmente quanto a caixinha de bombons ou de qualquer outra oferenda de bom tom que jamais deixava de trazer como expressão de delicadeza. O fruto mais sazonado desses ágapes foi o curso de filosofia que o nosso conviva ministrou em minha casa a um grupo de amigos, cuja paixão pelos sumos filosóficos nem sempre vencia o cansaço do dia decorrido de trabalho. Em suas preleções, o nosso mestre procurou durante cerca de quinze anos nos ensinar a pensar lógica, metafísica, epistemológica e criticamente através da história das ideias, desde os pré-socráticos. Mas Hegel, com a dialética da negação da negação, embora atenuada pelo Belo na versão de sua estética, desfechou o golpe de morte na tertúlia semanal pós-kantiana. O estruturalismo, Lacan, a psicanálise e a escola de Frankfurt lançaram primeiro lenha e depois puro petróleo "saudita" na fogueira da fritura ética e política dos ideologemas e acenderam uma guerra sem quartel, ou melhor, com tantos que cada qual foi para o seu quartel. Nem por isso, porém, nosso jantar das segundas-feiras ficou privado de nosso preclaro convidado e de suas sempre instigantes opiniões sobre a vida intelectual e política brasileira e internacional, não faltando, como seria de esperar, os comentários sobre a comunidade judaica e os amigos ou inimigos que entravam na mira da linha de fogo. E esse bate-papo se desenrolava ainda dois dias após a operação a que Anatol se submeteu, quando comentou longamente a obra de Osman Lins, com os devidos reparos sibilinos, na visita que lhe fiz. Assim, não foi com a sensação de um fim de conversa que o deixei em seu quarto no Hospital Sírio-Libanês. Na interrupção que realizamos, então, havia antes uma reticência de quem iria retomar o tema mais adiante, do que um ponto final que se deu dois dias depois, quando houve uma fatal intromissão e encontrei Anatol emudecido para sempre.

J. Guinsburg

APRESENTAÇÃO

O interesse e a recorrência de Anatol Rosenfeld ao tema do preconceito e do racismo marcam sua obra como um todo. Neste sentido, *Preconceito, Racismo e Política* vem complementar outro a ser publicado: *Judaísmo: Reflexões e Vivências*. Os dois resultam de textos escritos pelo autor ao longo de sua carreira, nos formatos jornalístico, ensaístico ou ainda para fins institucionais. Em todo caso, deve-se ressaltar que ambos devem ser encarados no contexto maior da obra anatolina que inclui, igualmente, seja no aspecto específico do judaísmo, seja no das reflexões sobre o preconceito e o racismo, livros anteriores: *Mistificações Literárias: "Os Protocolos dos Sábios de Sião"* (1976) e *Negro, Macumba e Futebol* (1993)[1]. No primeiro, além de tratar do antissemitismo, são analisadas suas consequências nas esferas literária e cultural; no segundo, com foco na cultura brasileira, é analisada a

---

1. Ver relação completa das obras de Rosenfeld no final do volume.

19

questão do futebol e a preponderância dos afrobrasileiros nesse esporte, com uma arguta incursão antropológica num problema tão atual.

Para o presente livro selecionamos matérias que vão da questão judaica e do nazismo a problemas específicos da vida e da sobrevivência de Israel; de reflexões filosófico-antropológicas sobre o racismo e o preconceito a reflexos na vida cultural e na sociedade; por fim, há também incursões nas relações e na política internacionais que marcaram os anos críticos da chamada Guerra Fria e seus desdobramentos na vida mundial.

Notar-se-á pelas indicações das fontes que, nos anos que antecederam à concentração do autor em esferas mais específicas (literatura, filosofia, estética e, preponderantemente nos últimos anos de vida, teatro) – quiçá pelo calor da hora (período de reconstrução mundial depois da barbárie nazista e da derrota de Hitler em 1945) e pela necessidade jornalística de fornecer temas atuais e candentes aos periódicos para os quais colaborava como *free lancer* –, houve uma dedicação mais acentuada ao tema da política internacional. Cabe aqui um parêntese para comentar que tal interesse, no entanto, não se restringiu apenas à demanda editorial; há como que um engajamento sistemático à reflexão concreta sobre as consequências dos atores da vida internacional.

Assim sendo, começamos pelo assunto que nos pareceu mais candente, tanto filosófica, quanto ética e moralmente, qual seja, o nazismo. Após examinar as causas e o contexto nos quais esse fenômeno se originou, os demais artigos contemplam a face mais perversa e odiosa desse preconceito. Questionando a política, a cultura e a sociedade que propiciaram a eclosão do nazismo nas décadas de 1930 e 1940, o autor introduz na discussão o posicionamento civil e individual que, além de mascarar os efeitos nefastos do nazismo, concorreu para inúmeras mistificações e falácias.

No segundo capítulo, o preconceito é analisado sob a ótica cultural. Além das excelentes análises do preconceito na Europa, destacamos especialmente "Um Grande Mulato: Lima Barreto", artigo no qual Rosenfeld tece comentários sobre o preconceito racial na vida de um dos maiores escritores brasileiros.

Finalmente, no último capítulo inserimos artigos escritos na década de 1940 e que examinam, sob vários ângulos, a política internacional e o comportamento dos grandes atores internacionais, seja na questão da democracia, seja no uso da energia atômica, seja no plano das relações diplomáticas.

Para concluir, nosso escopo foi proporcionar aos leitores uma visão lúcida e competente sobre um fenômeno que, infelizmente, está longe de ter ficado datado nos primórdios da Guerra Fria. Se o nazismo, o preconceito e o racismo são hoje (ou deveriam ser) execrados como um desequilíbrio sociopolítico, convém lembrar que alguns grandes e médios atores do cenário internacional da atualidade procuram sistematicamente mascarar seus inaceitáveis objetivos expansionistas através de reconfigurações escusas das práticas nazistas. Basta atentarmos para os fundamentalismos de toda espécie que grassam mundo afora, bem como para as grandes levas de refugiados e os ainda frequentes genocídios. Se o mundo perdeu a bipolaridade vigente à época da maioria dos escritos de Anatol Rosenfeld, a multipolaridade reinante – com suas consequências imprevisíveis e a corrosividade do terrorismo – não resolveu, absolutamente, a maior parte dos problemas da humanidade.

Acreditamos que a contribuição das análises de Anatol Rosenfeld haverão de concorrer, seguramente, para melhor compreensão de tais temas.

Na transcrição dos textos jornalísticos, optou-se pela supressão de nomes e personagens cuja utilidade se fazia sentir no calor da hora do evento jornalístico e da comunicação cotidiana com o público ao qual se destinava, mas que, na atual circunstância, perdem seu sentido.

Quanto às fontes consultadas, optamos por indicar apenas as mais recorrentes, os jornais *Crônica Israelita* (CI) e *Jornal de São Paulo* (JSP), simplesmente por suas abreviações. Para os demais casos, não dispomos das referências.

Nanci Fernandes
Professora e pesquisadora
da Escola de Comunicação e Artes da USP

1. NAZISMO, RACISMO

As Causas Psicológicas do Nazismo[1]

Com o fim da guerra na Europa e a derrota da Alemanha, o nazismo passou a pertencer à história e ao passado. Todos os esforços puramente políticos, porém, com o fito de impedir que movimentos semelhantes, seja na Alemanha ou em outras partes do mundo, surjam de novo serão vãos, a não ser que as condições econômico-sociais e psicológicas e o ambiente espiritual se modifiquem. Ninguém discute que um dos motores principais da ascensão do nazismo na Alemanha foi o fator econômico. No entanto, esse fator encontrou e criou uma situação psicológica especial, situação essa que não desapareceu com o extermínio do nazismo e continua predominando em vastas camadas das populações, não só da Alemanha, mas de grande parte do

---

1. JSP, 19 a 22 set. 1949.

mundo. Eis por que um rápido exame das bases psicológicas do nazismo não parece ocioso.

É supérfluo examinar, deste ponto de vista, os fatores econômicos e políticos universais que contribuíram para a ascensão do hitlerismo. Dentro da Alemanha, ele serviu aos interesses de um capitalismo degenerado e de *junkers* semifeudais endividados que, com verdadeiro pânico, viam-se forçados a enfrentar um parlamento composto quase pela metade de comunistas e socialistas. No entanto, a fim de que a propaganda, financiada por aqueles grupos, surtisse efeito, precisava ela encontrar condições psicológicas especiais nas massas. A ideologia doentia de um neurótico, para vingar no espírito de um povo ou de certas classes desse povo, necessita encontrar um ambiente receptivo, ao menos em parte igualmente doentio e neurótico. É fato reconhecido que o nazismo foi a "revolução da pequena burguesia". Esta classe, abrangendo o artesanato, pequenos funcionários, comerciantes e lojistas modestos, empregados chamados "proletários de colarinho duro" (*Stehkragenproletariat, white collar workers*) e os intelectuais proletarizados, formaram a base do nazismo, a massa de adeptos que o seguiu com o fanatismo dos crentes. As classes proletárias e a grande burguesia, os católicos em parte, os industriais e *junkers*, nunca foram nazistas no sentido genuíno. Os últimos aproveitaram-se dele e o incentivaram para fins próprios, e os primeiros o acompanharam sem grande entusiasmo ou se assimilaram superficialmente, demonstrando, todavia, uma resistência surpreendentemente pequena e uma fraqueza íntima que ninguém teria esperado. Os católicos não receberam, logo de começo, diretrizes claras e unívocas, e a uma grande parte deles faltava o espírito verdadeiramente evangélico. Os católicos legítimos dificilmente se tornaram nazistas. Os operários estavam divididos pela luta entre comunistas e sociais-democratas – luta trágica que solapou a consciência de classe e a força de resistência contra o fascismo. Além disso, a classe operária, embora demonstrando otimismo depois da derrota, seguida pela fuga do Kaiser, e sentindo-se animada pelas perspectivas de um regime social-democrático, via com amargura a lenta corrupção de todos os impulsos e iniciativas nobres, golpeada, como o foi, pelos vencedores da guerra, pelos reacionários de dentro da Alemanha estimulados pelos reacionários de fora do país, e finalmente golpeada pelos próprios chefes, figurões medíocres ou "novos paxás" ambiciosos, joguetes nas mãos do capital. Este processo tornou os operários descrentes e derrotistas, profundamente desanimados e psicologicamente desarmados para enfrentar a revolução da pequena burguesia.

Foi, pois, esta classe – a pequena burguesia – que respondeu positivamente ao apelo emotivo dos primeiros nazistas e que, não somente entregou-se passivamente como também colaborou com determinação e paixão. O formidável efeito da propaganda de Hitler, levada adiante com habilidade diabólica, é possível de ser explicada somente por uma estrutura caracterológica peculiar a essa classe, da qual o próprio Hitler saiu. Tal estrutura, de certo modo típica na pequena burguesia no mundo todo, sofreu, dentro da Alemanha, uma deformação patológica que a impregnou com traços de extrema virulência, devido às condições gerais e à história do seu povo. Erich Fromm, em seu magnífico livro: *Escape from Freedom* (Fuga da Liberdade)[2], classifica esse tipo de *authoritarian character*, ou seja, "caráter autoritário", querendo designar, assim, o homem em quem os instintos sadomasoquistas predominam em maior ou menor grau. Desde as pesquisas de Freud, supõe-se que o sadismo e o masoquismo aparecem separados, mas sempre ligados. O próprio Freud, que inicialmente deu ao fenômeno do sadomasoquismo uma interpretação puramente sexual, corrigiu mais tarde a sua teoria, nele reconhecendo dois instintos fundamentais: o "instinto da vida", mais ou menos igual à libido sexual, e o "instinto da morte", ou da destruição. A pura destrutividade deste último instinto costumaria amalgamar-se com a libido sexual e tomaria, então, a forma do

2. New York, 1941.

masoquismo, caso seja dirigida contra a própria pessoa, e do sadismo caso dirigida contra outras pessoas. Essa teoria tem méritos, mas parece um pouco hipotética. Seja como for, todas as pessoas revelam traços de sadomasoquismo, fato esse facilmente verificável, por exemplo, em cada família em que o pai, depois de humilhado no escritório, vem descarregar o seu sadismo contra a esposa e as crianças, justificando o seu procedimento como necessidade de educação ou repreensão. Nos demais casos, porém, este sadomasoquismo não é a força dinâmica que constitui toda a estrutura caracterológica do homem. Só quando isso se dá, podemos falar do *authoritarian character*.

Neste caso, o sadomasoquismo moral se traduz numa vontade doentia de poder e dominação, ligada a uma ânsia, igualmente doentia, de submissão e autodiminuição. É exatamente o caráter que Heinrich Mann descreveu na sua novela *Der Untertan* (O Súdito) – aquele tipo que, em face do poder superior humilha-se e ajoelha-se, mas que, em relação ao mais fraco, mostra com brutalidade a sua superioridade material. O sadomasoquista moral só se sente bem dentro de uma hierarquia rigorosa, na qual sempre há alguém por cima e alguém abaixo dele – a exata posição da pequena e da média burguesias. Dentro do sistema nazista, o cume da pirâmide hierárquica era representado pelo Estado e pelo *Führer*, um pequeno burguês em quem o sadismo chegou a extremos patológicos. É conhecido o seu desprezo pelas massas às quais se dirigia. O reverso do tipo, o masoquismo, externava-se amiúde quando ele se referia à sua submissão cega à "natureza", às "leis eternas", aos "poderes sobrenaturais", ao *fatum*, à "marcha férrea da história" – potências das quais chamava-se humilde instrumento. Na altura média da pirâmide figuravam os crentes nazistas; e como, devido à *Volksgemeinschaft* (Comunidade do Povo), o operário parecia desertar da sua posição supostamente inferior para se equiparar, pelo menos aparentemente, às pequena e média burguesias e às outras camadas sociais, criando-se as raças inferiores, os judeus e os povos para serem submetidos numa guerra imperialista, os quais serviriam como base da pirâmide.

No caso da pequena burguesia alemã, o "caráter autoritário" assumiu feições perigosas devido à sua situação desesperada. Empobrecida pela inflação, inferiorizada pela ascensão dos operários, proletarizada pela pressão do grande capital monopolista, essa classe viu-se colocada como que entre as garras de um alicate enorme. A destruição do império do *Kaiser* a destituíra de sua almejada submissão a um poder glorioso. O afrouxamento dos laços familiares, depois da I Guerra Mundial, deixara os seus elementos confusos e desamparados. Por todos esses motivos, a pequena burguesia alemã entregou-se de corpo e alma a um partido que lhe prometia o restabelecimento da hierarquia resplandecente, na qual poderia ocupar um lugar por cima das raças inferiores e por baixo do "Estado Forte", entidade política divina. Os traços patológicos desse tipo foram imensamente intensificados pelo contágio das massas, pela indução mútua, pelo efeito estético-simbólico de uniformes – fenômenos conhecidos de todos que estudam a psicologia das multidões, nos quais tanto os bons, quanto os maus instintos aparecem geometricamente aumentados.

Já Hobbes acreditava ter encontrado no instinto do poder a força motriz de todas as nossas ações. Nietzsche glorificou o desejo do poder como essência da vida. Correspondentemente, Vierkandt "descobriu" o instinto de submissão. Somente Freud tentou dar uma interpretação a esses instintos, derivando-os daqueles dois já indicados impulsos, inerentes a toda a escala de fenômenos biológicos. A teoria freudiana, extremamente fatalista por ancorar o sadomasoquismo, de modo imutável, nas leis biológicas, não consegue, no entanto, explicar a variação de intensidade nesta estrutura caracterológica. A classe operária e a grande burguesia, por exemplo, demonstram ter, como se verificaram por testes, traços menos fortes de sadomasoquismo moral. Parece-nos que o primeiro a elaborar uma teoria adequada a respeito daquele tipo foi Erich Fromm, que interpreta o seu comportamento como a evasão inconsciente do estado de liberdade social e espiritual alcançado pela humanidade em grau sempre crescente depois da Idade Média.

De um modo geral, a evolução da humanidade tem sido uma luta constante por maior liberdade individual. Aos poucos, o indivíduo humano vai "emergindo" da união original com a natureza e a tribo, da mesma forma como, analogamente, a criança vai-se libertando dos laços que a prendem à família. Esta "emergência" (para usar o termo de Fromm) assumiu um aspecto mais radical na Renascença. Durante a Idade Média, o homem vivia relativamente preso dentro da ordem social e tinha "pouca possibilidade de se mover de uma classe para outra". Mesmo geograficamente, estava fixado de modo quase incondicional: "O artífice tinha que vender a um preço fixo e o camponês em lugar fixo, o mercado da cidade. A vida pessoal, econômica e social, estava dominada por regras às quais praticamente todos os ramos de atividade eram submetidos". Da mesma maneira que a vida material, a vida espiritual era bem regulamentada. A tudo a Igreja respondia com segurança. O homem estava tão certo de sua "localização" no universo espiritual quanto no mundo geográfico. Contudo, o homem anônimo da Idade Média não sentia esta sua situação como "prisão", pois ainda não tinha adquirido a perfeita consciência de sua individualidade. Só era capaz de pensar por meio de categorias gerais, tais como raça, povo, família, corporação. Tais laços primários, genuínos, uma vez cortados não podem mais ser consertados. Não há possibilidade de voltar atrás de modo legítimo. Qualquer desejo de "volta", uma vez adquirida a consciência clara da individualidade livre, seria *Ersatz* e pura evasão, com graves consequências para a saúde psíquica da humanidade.

Desde a Renascença, a emergência do indivíduo começou a se acentuar apesar de todas as hesitações e retrocessos. As expressões mais nítidas desse fenômeno na política e na economia são o liberalismo e o capitalismo, o protestantismo na religião e suas seitas diversificadas, que isolaram o indivíduo em face de Deus, enfraquecendo o papel da Igreja como intermediária. Já em plena Idade Média, a própria escolástica, particularmente na Inglaterra, havia dado o primeiro passo com o nominalismo, que reconhecia somente a realidade "individual" e combatia o "realismo" que asseverava a realidade das ideias abstratas, das chamadas universálias. Tal tendência radicalizou-se com Locke, Hume, Berkeley e, metafisicamente, com a monadologia de Leibniz.

Assim foi a humanidade conquistando, numa luta tenaz, a sua liberdade, mas não aprendeu concomitantemente o que deveria fazer com ela. O indivíduo viu-se, de repente, sem proteção. O mundo não era mais aquele da *Bíblia*, tendo a Terra como centro. Bruscamente, o universo agigantara-se e parecia infinito, com milhões de sistemas solares... a própria Terra tornara-se globo, novos continentes surgiram. O indivíduo glorificava a sua maioridade recém conquistada, rejubilava-se de sua independência, mas ao mesmo tempo sentia a sua insignificância total, a sua nulidade no cosmos que, de súbito, pareceu transformar-se num caos. Os protestantes haviam-se libertado da tutela de Roma, mas agora tinham que enfrentar sozinhos um Deus terrível, vingativo e irracional, um Deus que, por motivos insondáveis, distinguia uns, predestinando-os para o céu, e outros para o inferno, sem que os mesmos soubessem por que eram eleitos ou condenados.

A situação da humanidade assemelhava-se à dos escravos das Américas que, repentinamente libertos, não estando preparados para enfrentar um mundo desconhecido, muitas vezes desejavam voltar à escravidão. Já havia a possibilidade de subir socialmente, de ganhar dinheiro, de pensar livremente; não mais havia corporações para as profissões e nem leis que restringissem a concorrência e a luta econômica. Não obstante, se o indivíduo havia conquistado a liberdade, perdera simultaneamente a proteção. Tudo tornou-se incerto; inesperadamente, o homem livre

29

viu-se envolvido numa luta atroz de todos contra todos, num mundo em que apenas os fortes e decididos venciam e onde o sucesso parecia ser sinal de graça divina. Mas a mentalidade do homem não tinha se desenvolvido com a mesma rapidez. Ele havia conquistado a "liberdade de", mas não a "liberdade para". O indivíduo não aprendera a ser autônomo; nem as condições gerais da sociedade lhe permitiram sê-lo.

Dessa forma, o homem moderno viu-se exposto a uma solidão angustiosa, num mundo em que o capitalismo monopolista tomou feições de um terrível poder que aniquila, na sua engrenagem, o pequeno indivíduo desamparado. Potências gigantescas, obedecendo a leis misteriosas, descarregam a sua ira sobre o Mickey Mouse, sobre o Carlitos que retrata o indivíduo solitário, perdido na imensidão de um mundo desenfreado e que só pode se salvar por milagres. (Sua bengalazinha é o símbolo do último resto de elegância e dignidade que ficou para o pequeno burguês proletarizado). As crises e as guerras sucedem-se e a situação é de preocupação e medo constantes – um estado ao qual filósofos como Kierkegaard, Heidegger (*Sorge*, preocupação) e Jaspers deram expressão eloquente. Uma grande literatura originou-se dessa situação, interpretando-a logo com realismo, traduzindo-a em seguida à procura da evasão. O movimento romântico era a expressão de um "sentimento de vida", de triunfo e, ao mesmo tempo, de anseio, nostalgia e saudade, às vezes da Idade Média, às vezes de países remotos, às vezes da natureza, do popular, do primitivo em que havia a "alma do povo", não indivíduos isolados. O individualista romântico, ainda em triunfo erguendo a bandeira da Revolução Francesa, como no quadro de Delacroix, chamaloteava, como o da Renascença e dos humanistas, entre o entusiasmo juvenil e o desespero da *Weltschmerz* (dor do mundo), entre a excessiva sociabilidade e a fuga do mundo; sente-se invadido por uma instabilidade e irrequietação extremas, e tão logo é o divino, tão logo é aniquilado pelo infinito. Suas obras são muitas vezes fragmentárias, a sua vida marginal e dispersa, todo o movimento é de uma "fuga" da realidade insuportável. Em nossos dias, a expressão mais poderosa da "impotência" do indivíduo esmagado por poderes inarredáveis é a obra do genial Franz Kafka. Outros, de maneira diversa, como Julian Green, Thomas Wolfe (que melhor descreveu a solidão em todas as suas fases), Jean Giono (evasão para a natureza e para a biologia fascista), Hermann Hesse (solidão do burguês intelectual), Knut Hamsun (volta à "terra"; para o "homem que arrasta as raízes atrás de si", que não está radicado e que é livre; consequentemente, tornou-se nazista, apesar de ser norueguês), Aldous Huxley (preocupação com o problema da liberdade e evasão para a mística). Em Thomas Mann, decerto o maior romancista contemporâneo, o problema da "emergência" do indivíduo liga-se ao do espírito que se distancia da vida. Seus "artistas", príncipes de existência estética, burgueses doentios e decadentes, seu Josef bíblico, todos simbolizam o homem ameaçado, o *Sorgenkind des Lebens*, o filho mais aflitivo que a vida produziu. Particularmente na sua última obra, o monumental ciclo bíblico cuja figura principal é Josef, o tema da emergência é central.

Nesta situação, o indivíduo sente a sua independência como um fardo pesado e anela pela libertação da liberdade insuportável. Entre os múltiplos caminhos de evasão do isolamento e da liberdade, oferece-se para as massas o do sado-masoquismo como meio de fuga inconsciente. O sadismo é a tentativa inconsciente do indivíduo de se sobrepor à solidão e ao sentimento de sua extrema pequenez pelo engrandecimento da própria pessoa, a tal ponto que domina e, por assim dizer, engole um ou outros indivíduos. Dessa maneira, incorporando-se a outros sente-se, inconscientemente, valorizado e fortificado. O impulso masoquista, ao contrário, é a expressão inconsciente de uma tentativa de aniquilação do próprio "Eu" que, assim, através da sujeição a um poder superior, espera libertar-se do isolamento doloroso. Os dois fenômenos são sintomas de um só estado de fraqueza e insegurança. O sádico, embora parecendo "homem forte", no íntimo é um fraco, pois a sua vontade de poder é um sinal da sua essencial dependência daqueles que domina. Longe de ser autônomo, capaz de realizações positivas, ele é, ao contrário, nas suas formas excessivas, uma pessoa mórbida, escravizada, apta apenas para ações destrutivas. Essa fraqueza ressalta pelo fato de ele ser igualmente dominado por instintos de submissão.

As formas extremas desse tipo dão-se com, ou nelas predominam, o instinto da destruição, o que não acontece em casos moderados – aliás, muito comuns. Nestes, encontramos traços amenos, temperados pelo amor. Os amantes, no jogo amoroso, amiúde tornam-se um tanto violentos, ferem-se mutuamente com o desejo íntimo de maior união: são casos "normais". O sadomasoquismo, porém, torna-se patológico quando o instinto de destruição aumenta para além dos limites em virtude de recalques e ressentimentos, numa vida oprimida, surdamente truncada, não vivida. A vida tem a tendência natural de crescer, de se expandir, de se expressar, de se realizar – isso não apenas sexualmente, mas de um modo geral. Quando essa tendência é reprimida para além das possibilidades de sublimação, a energia dirigida para a vida passa por um processo de decomposição e se transforma em energia dirigida para a destruição e a morte (Fromm). Isto é um fato corriqueiro e fácil é prová-lo pelas estatísticas de suicídios e assassínios, cujos motivos exteriores e visíveis parecem ser quase sempre irrisórios.

Eis aí a situação da pequena e da média burguesia na nossa época, particularmente na Alemanha. Nesse país, o sadomasoquismo revestiu-se de formas patológicas em consequência de fatores econômicos e espirituais, bem como de outros motivos já mencionados. A pequena burguesia alemã (e em menor grau também a de outros países) é por excelência a classe brecada nos seus impulsos, cercada por tabus e hipocrisias. É uma classe que tem qualidades extraordinárias de civismo, autossacrifício renúncia, ambição e que, com a sua meticulosidade, pedantaria, tenacidade, força de trabalho, sentido de ordem e disciplina, contribuiu imensamente para o patrimônio da cultura alemã. Sua tragédia essencial foi, possivelmente pela primeira vez, o tema de uma peça teatral em *Maria Madalena*, de Friedrich Hebbel – nesse sentido, um precursor de Henrik Ibsen. O drama descreve a tragédia de uma moça que trai a espontaneidade dos seus impulsos para obedecer aos "costumes" e, no fim, não obedece nem àqueles, nem a estes. Karl Sterhnehim traçou, em contos magistrais, a caracterologia negativa do pequeno burguês alemão. O homem típico dessa classe, que na estratificação social assume uma posição que se assemelha à do mulato na estratificação racial, é aquele que nunca quer parecer aquilo que realmente é. Sem base econômica sólida, estrangulado entre o proletariado e o capital, quase um proletário ele mesmo, no entanto pretende ter a ideologia de um grande burguês. Sacrificando o essencial, dá valor exagerado às aparências. Odeia as classes "superiores" e as inveja; querendo imitá-las, abusa de cerimônias já antiquadas e quase esquecidas na *upper-middle class*; move-se cheio de mesuras e dignidade para compensar aquilo que lhe falta em base econômica e autonomia de gosto, de educação e consciência moral. O pequeno burguês é o homem que vive de dentes apertados, esporeado incessantemente pela ideologia da ascensão social. A honra – valor aristocrático primordial – adquire, no contato com ele, feições extravagantes que nela acentuam apenas o lado exterior; é fiscalizado pelo vizinho e pela opinião de um ambiente estreito e puritano, para o qual todas as coisas belas da vida tornam-se uvas azedas. A verdadeira moral da consciência autônoma tem a tendência de tornar-se superficial, apenas costume ou legalidade quando submetidos inteiramente ao critério anônimo da opinião pública ou do senso comum – tiranos terríveis que sufocam toda a espontaneidade e sinceridade da vida, das ações, dos sentimentos, das emoções e até dos reflexos e dos sonhos. Em outros casos, os costumes entranham-se dentro do indivíduo, sobrepondo-se à consciência moral e formando uma segunda – uma consciência-morcego que aniquila a primeira. A tirania do mexerico leva à hipocrisia, à dupla moral e a uma sutil decomposição de toda a vida natural. O indivíduo se esforça de tal maneira para ser aquilo que os outros esperam que ele seja que, finalmente, deixa de ser ele mesmo por completo. Estrangulando inteiramente o seu "Eu", torna-se mera sombra, apenas o reflexo daquilo que Heidegger chamava o *man* (a gente), reflexo da multidão indeterminada e anônima. Toda sua gravitação é deslocada para a periferia: ele não gira em torno do próprio centro; assim, pela força centrífuga de sua rotação, suas entranhas espirituais são, por assim dizer, projetadas para fora de uma autópsia psíquica que revelaria um fenômeno interessante: ele é um homem-cebola – não se acha o caroço, existem apenas cascas. O complemento disso é uma habilidade para a falta de autonomia, insegurança íntima e um pudor espiritual excessivos, fatores que contribuem para o isolamento do indivíduo e que travam os seus impulsos de comunicação e de sociabilidade, que só se expandem sob a pressão vagarosa de muita cerveja ou no estado de inconsciência de que ele é presa quando seguro no aconchego das massas delirantes que se entregam, voluptuosamente, ao apelo erótico de um *Führer*.

Todos esses fatores não se acentuam com tanta força na classe operária e na grande burguesia. Aquela vive ainda numa comunhão mais íntima, mais ligada pelos laços originais, e esta está longe de dar o mesmo valor às aparências. Ela é mais espontânea nos seus impulsos, mais generosa, não tem a ideologia ascética que faz com que o pequeno burguês se mortifique pela ascensão social. D. H. Lawrence, ele próprio filho de um mineiro, viu isto com muita clareza. O operário alemão geralmente gastou aquilo que ganhou sem se preocupar com o futuro. De um certo modo, agiu como Jesus ensinou ao falar dos lírios do campo e recomendando não pensar no dia de amanhã. Além disso, a vida nos grandes centros industriais não admite fiscalização e coação sociais tão rigorosas como nas cidades médias e pequenas, nas quais desenvolveu-se principalmente o caráter do pequeno burguês.

A grande burguesia, embora possessa pela mentalidade do poder e da propriedade, dando mais valor ao termo "ter" do que ao termo "ser", leva uma vida mais autônoma e pode se expressar com certa espontaneidade. Sua ideologia, embora deplorável, está em harmonia com a sua base econômica.

Neste nexo, seria interessante um estudo sobre o papel da mulher na ascensão do nazismo. A população feminina concorreu com altíssima percentagem de votos para a vitória de Hitler, movida particularmente pelo seu *sex appeal* e pelo desejo de submissão. Não é possível, porém, nos limites deste artigo, entrar em pormenores a respeito da posição complexa da mulher na nossa sociedade.

Conclusão

Estas considerações tentaram explicar por que, principalmente a pequena e média burguesias, incluindo numerosos pequenos camponeses, contribuíram para a formação das hordas mais fanáticas do nazismo. A ideologia patológica deste bárbaro movimento correspondia intimamente com o estado patológico da alma das classes mencionadas. A "nova ordem", com sua rígida hierarquia de raças superiores e inferiores, colocou o alemão pequeno numa posição aparentemente privilegiada; facilitou a sua evasão da liberdade e da solidão dentro do poder esmagador do Estado Divino ao qual ele se entregou, aniquilando a individualidade minúscula e automatizada que experimentou como um peso insuportável. Ao mesmo tempo, o nazismo colocou à disposição dos seus instintos sádicos e destruidores as chamadas raças inferiores. Esses instintos, acumulados durante épocas, se constituíram numa carga formidável. A bestialidade com que os nazis se comportaram durante a II Guerra é a prova. A mesma ferocidade que vitimou milhões de judeus, que sacrificou e mutilou mulheres e crianças dos povos vencidos, finalmente dirigiu-se, numa descarga de masoquismo e suicídio, contra o próprio povo e a própria terra, deixando-nos entrever o abismo da alma humana nos seus traços mais sinistros e horrorosos.

Não se deve esquecer o fator religioso que emprestou feições especiais à atitude dos crentes hitleristas. O povo alemão sempre teve em alto grau aquilo que William James chamou de *religious appetites*. O sentimento religioso, da mesma forma que o sentimento amoroso, existe nos indivíduos para tal inclinados de modo difuso, por assim dizer pairando livremente até se condensar e cristalizar-se ao redor de um objeto. Embora o objeto adequado do sentimento religioso seja o transcendente e o absoluto, parece que grande parte do povo alemão tinha, em consequência de sua evolução religiosa específica, perdido o contato com Deus, e a carga de sentimento religioso assim liberta encontrou no *Führer* um novo objeto ao qual o crente podia dedicar toda a sua "fé". É sabido que a fé não depende de provas a respeito da dignidade ou mesmo da realidade do seu objeto. A fé é aceita sem, ou mesmo contra, provas racionais ou empíricas, experimentando o impacto de realidades superiores por intermédio de uma emocionalidade *sui generis*. "Credibile est, quia ineptum est... certum est, quia impossibile est...". A fé desviada não só aceita objetos inadequados, como também cria os seus próprios ídolos. O *Führer*, até certo ponto, é uma criação religiosa do povo alemão. Esse fator contribuiu para o extremo fanatismo com o qual uma parte do povo germânico submeteu-se ao seu deus secularizado.

Não é preciso dizer que o alemão, no entanto, não é um ser especial. Se ele se comportou como aconteceu, foi devido às condições descritas que, parcialmente, preponderaram também em outras partes do mundo.

De modo geral, o homem da nossa época não pode voltar a estados anteriores. A liberdade individual, bem supremo conseguido depois de tantas lutas heroicas, deve perder o seu caráter negativo de "liberdade de", a fim de se torna liberdade positiva, a "liberdade para". As massas estão fartas da liberdade de ter fome. O futuro da democracia, sistema dentro do qual a liberdade se poderá realizar relativamente de maneira mais adequada, depende da sua capacidade de criar condições econômico-sociais, bem como o ambiente espiritual que possibilitem a educação de indivíduos relativamente autônomos, seguros de si mesmos num estado de segurança geral em que não se podem desenvolver o medo, a angústia, a preocupação constante, a solidão insuportável para o espírito médio; a futura democracia depende de sua capacidade de criar condições nas quais se possam desenvolver indivíduos que não sejam autômatos que sucumbam a qualquer campanha de propaganda, mas que saibam raciocinar com discernimento; que sintam os seus próprios sentimentos e não aqueles que poderes anônimos sugerem; que tenham emoções genuínas e não aquelas que convêm a patriotas espertos; que ajam de acordo com os seus próprios desejos humanos, dentro dos limites sociais, e não obedecendo ao desejo de alguns que puxam as cordas. Se Sócrates disse: "Conhece-te a ti mesmo!", devemos hoje dizer: "Seja você mesmo! Não seja aquilo que os outros querem que você seja!".

O problema essencial da humanidade é o de conseguir uma relação sadia entre sociedade e indivíduo, entre a totalidade e as suas partes que, por sua vez, pretendem, com razão, ser também totalidades livres; o problema da integração sadia dessas totalidades menores dentro da totalidade geral deve se dar sem que uma prejudique a outra e, dessa forma, até que as duas se completem; este problema só pode ser resolvido, por aproximações, dentro da democracia verdadeira. É claro que não se trata de uma emancipação anárquica do indivíduo. Uma certa coação social sempre se fará sentir, mas dentro de limites moderados ela só poderá ter consequências benéficas, forçando o indivíduo a determinadas sublimações. O perigo da coação é o de crescer para além dos limites da capacidade sublimadora, provocando então repressões e recalques.

Particularmente, no terreno econômico a liberdade tem que ser restrita. O espírito de concorrência e a fria glorificação do egoísmo levam, de um lado, à formação de trustes, com a subsequentes aniquilação da própria ideia liberal, e por outro lado, justamente à formação desse espírito que, nas suas formas virulentas, impede a emancipação do indivíduo, pois causa constantemente novas divisões do trabalho e, assim, provoca, ao contrário do que geralmente se pensa, uma progressiva mutilação da totalidade do indivíduo. A evolução do indivíduo e da sua liberdade positiva é, pois, possível somente numa democracia em que o Estado intervém nas relações econômicas, por paradoxal que isso possa parecer. Um pensador como J. Stuart Mill, que de modo tão extremo pugnou pela individualidade livre, chegou exatamente a esta conclusão.

Portanto, a democracia tornar-se-ia a forma político-econômico-social dentro da qual o indivíduo responsável e autônomo chegaria à realização e à expressão de si próprio, à rendição e à salvação do âmago do seu ser único e original através do seu desdobramento e desenvolvimento. Para todos há lugar na casa de Deus: essa ideia, expressa por Isaías e, depois, nos Evangelhos, acentua a igualdade de todos, uma igualdade cujo complemento natural é a infinita diversidade e diferenciação de todos, pois cada um deve aproveitar e aperfeiçoar os seus dons particulares, e cada indivíduo, realizando-se de acordo com a sua própria ideia profunda, é igual, em valor essencial, a todos provoca evasões inconscientes da mesma maneira. Um "espírito amoroso" que ligue e integre os indivíduos totais dentro da totalidade das sociedades nacionais, que se realizam e se expressam, nacional e individualmente, dentro da sociedade humana geral; um espírito de fraternidade universal deve crescer e empolgar as almas. Tal "espírito amoroso" só pode se desenvolver sob condições econômicas bem diversas daquelas atuais; mas, simultaneamente, essas condições só podem se modificar sob o impulso desse mesmo espírito amoroso. Este é o problema das elites que, nas democracias ocidentais, tão lamentavelmente fracassaram. Sob tais condições, tão remotas quanto possam parecer, poderá ser extirpada uma situação psicológica mórbida que provoca a evasão inconsciente de massas barbarizadas e novas guerras.

"Isso é utópico?", perguntou Oscar Wilde em condições semelhantes. E nós respondemos, com ele: "Um mapa do mundo que não inclui a Utopia nem é digno de ser examinado, pois falta nele aquele país onde a humanidade sempre desembarca".

Todas as teorias científicas, disse Valhinger, são no fundo nada mais do que hipóteses de trabalho, meras ficções. Agimos como se valessem para a realidade. Milagrosamente, a realidade obedece as teorias. Mesmo que achássemos irrealizável a nossa utopia democrática, teríamos que agir como se ela estivesse ao alcance do nosso braço. Então ela se realizará.

Espírito Coletivo e Consciência[3]

1

Um dos problemas filosóficos mais discutidos, de grande importância para as ciências sociais e para as chamadas ciências culturais, tem sido, desde Hegel, Dilthey, Rickert, Freyer e outros, a complexa questão do "espírito coletivo", a saber: do espírito coletivo, espírito da época (*Zeitgeist*), espírito de um povo (*Volksgeist*), em cuja esfera o indivíduo psicofísico, por assim dizer, respira e por meio do qual se torna indivíduo social, pessoa. Quem, ao nosso ver, com mais rigor e com extraordinária sutileza fenomenológica ocupou-se desse problema foi o eminente filósofo Nicolai Hartmann (da Universidade de Berlim), não somente em numerosas aulas como também no seu livro fundamental: *Das Problem des geistigen Seins* (O Problema do *Ontos* Espiritual).

3. JSB, 20 jun. e 1 jul. 1947.

Seguindo até certo ponto Hegel (de quem, de resto, diverge em muitas questões), fala Hartmann do *espírito pessoal*, estreitamente ligado à vida psíquica do indivíduo (e por meio do qual os processos psíquicos, divergentes em si, recebem a sua unidade: a "pessoa" não se dissolve nos seus atos psíquicos, não é a sua soma. Ela não é o querer, mas sim aquilo que quer; não é o agir, mas sim aquilo que age. Agir e querer não são idênticos, mas idêntico é aquilo que age e quer); Hartmann fala ainda do *espírito objetivo* (tradições, linguagem, moda, opinião pública, gosto estético, estado geral do saber científico etc.); e finalmente do *espírito objetivado*, fixado em obras, monumentos, documentos, instrumentos etc. As duas primeiras formas do espírito têm realidade, existência, vida. A última é "morta", irreal. Do conjunto do espírito pessoal e objetivo resulta o mundo real da vida do espírito. Do conjunto das três formas segue-se o todo do espírito histórico. Essas três formas ônticas do espírito naturalmente constituem uma unidade inseparável, podendo ser consideradas isoladamente apenas para fins de pesquisa.

É sumamente difícil "localizar" exatamente a segunda dessas formas, o espírito objetivo, que é idêntico à cultura viva e atual de um povo, àquela "totalidade complexa que inclui conhecimentos, crenças, arte, moral, lei, costumes" (Tylor) e que, de algum modo, parece pairar no ar. É seguramente um erro considerar o espírito objetivo, de acordo com Hegel, como sendo uma espécie de substância independente, cujas acidências seriam os indivíduos. O espírito objetivo sempre pressupõe os espíritos pessoais do grupo, que são os seus portadores, conquanto os indivíduos históricos, por sua vez, ao nascerem, sempre se encontrem dentro da sua esfera. O espírito pessoal é portador e igualmente criador de cultura, mas ao mesmo tempo é o seu herdeiro. Entre espírito pessoal e objetivo ou coletivo há uma relação de sustento mútuo, sendo a grande personalidade herdeira e criadora e o indivíduo médio principalmente herdeiro e conservador de cultura. O espírito objetivo não é, pois, alguma essência misteriosa e independente "atrás" ou "acima" dos indivíduos. Ele se compõe de indivíduos e não tem a forma de um coletivo, não é nem a soma dos indivíduos, nem a sua totalidade. Embora sustentado pela sociedade, ele é mais do que ela, possuindo uma autonomia *sui generis*. Como o todo de uma sociedade não é a simples soma de suas partes, porém uma nova entidade (como as teorias da *Gestalt* salientam), assim também o espírito objetivo, que ontologicamente falando é um *novum*, não pode ser derivado inteiramente dos elementos que o sustentam. Ele não cresce com o número dos indivíduos portadores, mas diminui com o seu decréscimo. Inteiramente organizado e cristalizado, ele só se encontra numa elite de indivíduos, porém nenhum indivíduo, por si, o abrange totalmente. Ele se modifica. Mas a sua maneira de sofrer modificação é diferente da sucessão e da oposição das criações e diferente da evolução das totalidades coletivas. Não sendo um agregado de indivíduos, o espírito coletivo é, ao contrário, um todo composto de formas espirituais, de conteúdos, de valores, de usos, de gostos, de tradições, de concepções, de noções científicas, tendências religiosas, estéticas, de atitudes, modas etc., que determinam em alto grau o comportamento do indivíduo. "É o hábito que faz o monge", diria Gilberto Freyre. O indivíduo pode tornar-se o expoente desse espírito coletivo, pode representar em parte os seus traços característicos, fato que não poderia se dar se aquela forma ôntica fosse uma soma de indivíduos. Isso prova que o espírito objetivo é qualitativamente idêntico na multiplicidade dos indivíduos sem que, contudo, seja uma simples abstração irreal ou uma "essência" que, enquanto tal, não tem história. "Essências valem sempre. A moral positiva vale somente aqui e agora". As essências são irreais. O espírito objetivo, porém, tem realidade e "existência". É um erro supor-se que a realidade (da *res*) seja apenas a das coisas. Neste caso, toda a história seria irreal. O que distingue a realidade é que ela se encontra, de certa maneira, sempre ligada à individualidade. Ora, a individualidade é peculiar não somente ao espírito pessoal, mas também ao espírito objetivo. Este é supraindividual comparado com os indivíduos, mas individual e singular comparado com fenômenos da mesma ordem. Assim, por exemplo, o "espírito francês" no século XVIII tem, falando grosso modo, uma individualidade singular ao ser confrontado com o espírito francês do século XX ou com o espírito de uma tribo mexicana em qualquer tempo. Além da realidade, o espírito objetivo possui "existência", conceito diferente daquela da realidade. Também, em geral, aquilo que é comum a dados indivíduos reais tem realidade, mas somente o individual em si existe. Essa individualidade limitada no tempo o espírito objetivo a possui, pois se desenvolve, tem a sua maturidade e perece com a perda de sua identidade. É ele, portanto, temporal, como qualquer indivíduo orgânico é submetido à categoria básica de tudo o que existe – ao tempo. Em suma, "se alguém encontra a resistência do ferro ou a da moral em uso, sempre se trata da mesma realidade da resistência; apenas o resistir em si é diferente" (Nicolai Hartmann).

2

Um momento importante na descrição do espírito objetivo é o fato de que ele não possui "consciência", no sentido mais amplo (*Bewusstsein*), fenômeno inteiramente ligado ao psiquismo individual e ao espírito pessoal. A consciência, cada indivíduo a possui por si; ela separa os indivíduos, enquanto o espírito os liga. É por meio do espírito que os indivíduos, em geral, se transcendem e se realizam na inter-relação social. É fato conhecido que os fenômenos psicológicos que surgem na massa, por ocasião de festas ou da exaltação populares, fenômenos coletivos que parecem ter o aspecto de verdadeira comunhão, sempre são acompanhados de uma diminuição ou quase total aniquilação da consciência. Nesse caso, poder-se-ia falar de "inconsciência coletiva", mas não de consciência coletiva. Não há, então, uma verdadeira inter-relação de pessoas, mas um retroceder a estados primitivos que tanto podem levar a feitos gloriosos, como a ações deploráveis. O comum e o coletivo, também nesses casos, são certos elementos espirituais extremamente simplificados, aparecendo muitas vezes sob a forma de símbolos que apelam à massa exaltada através do mecanismo do reflexo indireto. Coletivo é, além disso, a quase total ausência do discernimento consciencioso e, consequentemente, uma grande sugestionabilidade, aumentada pelo "contágio" psícofísico. Porém, a consciência e os atos psíquicos, como tais, continuam intransferíveis, embora cheguem a um estado de grande semelhança (pode-se falar de igualdade, mas não de identidade) pela aniquilação de todos os traços individuais e pela acentuação dos traços arcaicos da "manada", subjacentes em todas as pessoas. Seria, no entanto, absurdo chamar a esses elementos "profundos" e essenciais ao homem. Essencial ao homem é o fato de ele não somente possuir esses traços mas, além disso, outros, espirituais. Essencial ao homem é, portanto, a sua situação ambígua que dele faz um ente moral, isto é, em conflito consigo mesmo.

Parece desnecessário salientar com tanta insistência que o ato psíquico e a consciência, que eventualmente o acompanha, são processos ou fenômenos intransferíveis e que apenas o conteúdo espiritual de um ato é transferível e socializável – não porém o ato de pensar, sentir lembrar ou querer, em si. Encontra-se tão em uso, contudo, a expressão "consciência coletiva" que convém acentuar a impossibilidade de tal conceito, a não ser num sentido metafórico. Ao espírito coletivo não corresponde uma consciência coletiva, noção essa que, forçosamente, pressupõe um psiquismo e, consequentemente, um organismo coletivo, ou seja, uma substancialização do espírito objetivo à maneira de Hegel. O espírito objetivo é, pois, completamente "inconsciente" e contém elementos legítimos e ilegítimos, usos elevados e estúpidos, preconceitos sem valor e ideias sublimes em cega mistura, sem discriminação nenhuma. Eis a fraqueza do espírito coletivo e o valor insubstituível do indivíduo, única

43

instância que possui consciência. É por isso que o espírito coletivo tem de recorrer constantemente ao indivíduo, tem de "emprestar-se" às consciências dos indivíduos, particularmente quando se trata de fenômenos políticos, caso em que empresta às consciências mais ou menos esclarecidas dos estadistas. É verdade que a situação política não é um fenômeno espiritual, não obstante ser de ordem coletiva. Porém a política não é a situação. De relevância política é a atitude que o espírito objetivo toma em dada situação, a tendência que ele inclui, o empreendimento ou o risco a que ele se expõe, como também a maneira através da qual ele sabe levar adiante a sua intenção (Nicolai Hartmann). Essa atitude, essa tendência, essa reação à situação, é espiritual, é um fenômeno do espírito objetivo que, contudo, serve-se do estadista enquanto seu representante mais ou menos adequado, mais ou menos sincero, mas quase sempre incapaz de corresponder integralmente aos verdadeiros impulsos do espírito geral.

Um dos expoentes mais importantes do espírito objetivo, em outro terreno, é o professor, cuja tarefa é a de facilitar ao aluno a assimilação da enorme massa de tradição e de saber, de elevá-lo, portanto, ao nível do espírito comum. Pois, enquanto o organismo e, até certo ponto, também as disposições e faculdades psíquicas se transmitem através da hereditariedade, não se dá a mesma coisa com o espírito. Este, cada indivíduo tem que "adquiri-lo" com tremendas dificuldades, adaptando-se e aprendendo. "O indivíduo aprende a ver entre cegos e a andar entre aleijados, mas não aprende a falar entre mudos" (Nicolai Hartmann). Toda educação é educação em direção ao espírito objetivo. Não existe propriamente educação do espírito pessoal – este se desenvolve de acordo com uma lei original, imprevisível para o professor, que deve justamente evitar que o espírito objetivo mutile e sufoque a espontaneidade individual e autônoma. No entanto, a função do professor ao tentar transmitir, segundo o critério da sua consciência, os conteúdos legítimos do espírito objetivo, é de um valor imenso, incluindo uma responsabilidade sem par. Pois embora não possa, nem deva, modificar a lei original, segundo a qual um adolescente se desenvolve, tem ele a possibilidade de educar a sua consciência e o seu critério, de orientá-lo por meio dos valores legítimos da nação e da humanidade, fazendo com que possa, eventualmente, resistir com discernimento aos elementos ilegítimos do espírito objetivo.

De grande poder é o espírito objetivo na esfera estética, na qual se impõe como gosto geral, estilo de vida etc. O indivíduo de uma dada região e época está em alto grau sujeito ao gosto dominante, ao traje em uso, à moda e ao estilo de comportamento e até do sentir. O artista produz as suas obras, em geral, de acordo com o gosto comum para ser entendido por sua geração.

É justamente, porém, na esfera da arte que o poder criador do grande artista, do gênio, costuma ter mais influência do que a ação dos grandes homens nas outras esferas do espírito. É particularmente nesse campo que o indivíduo cria os movimentos históricos. O grande artista impulsiona o espírito objetivo por se encontrar na vanguarda, por estar diante dele e, dessa forma, poder indicar o caminho a seguir. No entanto, ao se encontrar à frente do espírito estético de sua época, o gênio precisa, ao mesmo tempo, pertencer a ela para não perder o contato com o seu tempo e com o seu povo. Estando por demais adiantado, ele perde o nexo com o espírito objetivo: ninguém o entende e ele se torna, segundo a expressão de Hegel, um espírito "isolado e morto". É esse o fenômeno que, atualmente, se dá com certas elites estéticas que se afastaram inteiramente do espírito objetivo, fazendo "poesia hermética" e perdendo deploravelmente, assim, a possibilidade de educá-lo e elevá-lo. É verdade que o grande artista sempre se afasta até um certo ponto de sua época. Mas não é falando no vácuo que ele pode dar um impulso a ela. Não é ele quem decide se os seus impulsos encontram eco. Distanciando-se demais de sua época e não encontrando um eco no espírito objetivo, o artista cria impulsos perdidos e condenados ao fracasso. Assim se torna o espírito objetivo o destino do artista e de sua obra, e esta se perde, às vezes durante séculos, se não corresponder, em algum ponto, ao anseio desse espírito que, apalpando o terreno diante de si e procurando o novo sempre numa certa direção, seleciona aquilo que, de alguma maneira, se encontra na direção do seu caminhar.

É fácil de se ver a importância de estudos como os aqui ligeiramente esboçados, cuja enorme complexidade não cabe nos moldes de um artigo de jornal. Um fenômeno histórico, por exemplo, como o movimento nazista, não pode ser explicado apenas pelo lado psicológico. É preciso recorrer constantemente a explicações de processos de ordem histórica, ou seja, espiritual, na sua inter-relação com processos econômicos e sociais que escapam à simples análise psicológica. Da mesma forma, quando se escreve a biografia de uma personalidade, é impossível restringir-se ao indivíduo psicofísico. É indispensável colocar o biografado na sua situação social e cultural e intui-lo na sua localização dentro da história total. É vã tentativa reduzir o espírito objetivo à psicologia, como é impossível reduzir a vida psíquica à biológica e, provavelmente, esta à química. Cada camada ôntica tem a sua própria estrutura (as camadas são, de acordo com Hartmann: a puramente material, a orgânica, a psíquica, a do espírito pessoal e a do espírito objetivo), e embora as mais "altas" sejam sustentadas pelas mais "baixas" e dependam de suas leis, cada uma possui a sua própria autonomia e a sua esfera de leis específicas, que não podem ser derivadas inteiramente das leis das camadas "inferiores".

Outra questão decorrente dessa análise ligeira é a seguinte: pode existir uma culpa coletiva se não existe uma consciência coletiva? Um dado espírito coletivo, como aquele em parte criado e estimulado pelos nazistas, seguramente ilegítimo como é natural, somente se poderia impor com o consenso e a ativa colaboração de numerosos indivíduos, cuja consciência pessoal se tornara surda e cega. Mas daí só se pode tirar a conclusão de que um certo número de indivíduos foi culpado, contribuindo para que os elementos ilegítimos, existentes nos espíritos objetivos de todos os povos, vencessem. Mesmo se num povo de sessenta milhões de habitantes todos sucumbissem aos elementos ilegítimos do espírito objetivo, mesmo então não haveria uma culpa coletiva. Haveria a culpa de sessenta milhões de indivíduos. A culpa é sempre pessoal, em princípio ligada à decisão da consciência solitária do indivíduo. Pois o homem tem uma certa liberdade de escolha, isto é, o indivíduo pode, potencialmente, agir determinado por uma lei moral – e esta é a determinação da liberdade –, ou pode agir determinado por seus instintos e impulsos – e esta é a determinação da escravidão. Toda a frágil dignidade do homem deflui dessa sua situação ambígua entre as duas determinações, situação que o torna um ser que pode pecar, ao passo que o animal é essencialmente inocente. O homem não somente conhece a ameaça exterior, da mesma forma que o animal, como também uma ameaça interior, desconhecida para o animal. Devido a esta situação anfíbia, o homem é o ser em estado de angústia (não nos referimos à angústia de Heidegger em face do Nada), mas ao mesmo tempo é a encruzilhada do transcendente e do imanente, o ser através do qual a ideia se infiltra no mundo da causalidade, colocando-a, sem interrompê-la, a serviço de uma ordem mais elevada.

No entanto, essa liberdade não depende, à maneira de Sartre, da suposição de que o indivíduo seja primeiramente apenas existência, isto é, pura indeterminação sem essência, tendo cada dia que inventá-la de novo. Tal ideia é um perfeito absurdo, pois o ser que não tivesse essência seria aquele que é o Nada, ou seja, que nada é – e o nada não pode ter existência. Justamente essa liberdade, a que Sartre se refere com tanta insistência, é um aspecto da humana *Quiditas*[4]. Mas o homem tem de lutar a cada dia para se aproximar da sua natureza íntima. A existência do homem é, como ideia, o constante caminhar em direção à sua essência, é o constante realizar-se através da vida, o transcender-se

4. Equidade, essencialidade. Do latim *quid*.

através da vida em direção de si mesmo. Caminhar, nesse sentido, é ir adquirindo a consciência da liberdade. Isso porque a liberdade, embora essencialmente uma faculdade do ser hominal, apenas se realiza através da consciência que o indivíduo dela possui. Essa consciência, porém, a maioria dos indivíduos somente a pode obter dentro do processo da evolução histórica, não independentemente das condições sociais e do ambiente cultural.

É preciso destacar com toda ênfase a grandeza do indivíduo, Senhor imperial de sua consciência. Mas não se deve esquecer que o indivíduo só se desenvolve e se torna humano dentro da sociedade e dentro da esfera do espírito objetivo de uma dada comunidade. Não é livre o indivíduo sem essência e completamente indeterminado, segundo a ideia de Sartre. Toda a fraqueza da concepção existencialista, desde Lutero até Kierkegaard, Heidegger, Jaspers e Sartre, resulta dessa incapacidade de dar à liberdade um conteúdo, de transcender os limites da existência individual. Livre, ao contrário, é o indivíduo conscientemente determinado pelos verdadeiros valores do espírito objetivo. Livre é o indivíduo que se submete espontaneamente e no fundo de sua autonomia intocável a esses valores, numa verdadeira união de *Logos* e *Psiché*. Esperamos, com Hegel – embora os fatos não pareçam comprovar a sua tese –, que a história seja o foro perante o qual somente o legítimo sobreviva a fim de que ela se torne realmente o "progresso na consciência da liberdade".

Jean-Paul Sartre: Reflexões sobre a Questão Judaica[5]

Os Antissemitas

O livro com o título acima mencionado, em que J.-P. Sartre analisa com rara penetração o antissemita, o "judeu envergonhado" e o "judeu brioso", foi escrito em 1944. É um

---

5. ci, 14 jan. e 31 jan. 1949. Ver a tradução do ensaio de Sartre em *Reflexões Sobre o Racismo*, trad. J. Guinsburg, São Paulo: Difel, 1960.

dos mais profundos estudos do antissemitismo e um dos mais tremendos libelos contra a mentalidade do antissemita. Na ocasião em que Sartre escrevia essa obra, já era existencialista, mas com fortes pendores marxistas. Desde então, passou a combater o marxismo (ou os marxistas) e hoje parece tender para a direita, embora seja perfeitamente possível que, nessa sua deslocação política, pare em qualquer posição intermediária de tipo liberal.

Para estudarmos a questão judaica, afirma Sartre (o de 1944), devemos ocupar-nos em primeiro lugar com o antissemita, não com o judeu, pois esse é só uma consequência daquele. Existe o problema dos antissemitas, não dos judeus, como nos EUA existe o problema dos brancos, não o dos negros. O antissemitismo não é uma simples opinião, mas uma paixão que tende a tomar conta da pessoa que a alimenta. Essa paixão mórbida gera toda uma lógica peculiar: a lógica da ideia fixa. Geralmente, o antissemita não conhece os judeus por experiência própria. "Não é a experiência que cria o conceito do judeu, mas é o preconceito que falsifica a experiência". A ideia preconcebida do judeu, de maneira alguma derivada de fatos históricos ou reais, torna-se, todavia, um fator histórico de tal poder que os judeus finalmente tendem a se comportar de acordo com a ideia que o antissemita formou a respeito deles.

Não sendo o antissemitismo, inicialmente, resultado de experiências reais, segue-se que ele é uma atitude escolhida pelo seu adepto, a qual passa a determinar todo o seu ser. Não é uma opinião qualquer que ele, amanhã, possa substituir por outra. Ao escolher o antissemitismo, o verdadeiro adepto dessa atitude escolheu para si mesmo o seu caminho, a sua cosmovisão: escolheu o caminho da paixão. Daqui por diante tudo terá que se enquadrar na "lógica" dessa paixão e dessa ideia fixa; tudo será determinado por essa paixão, que não é a do amor, mas a do ódio. O antissemita ama o ódio. E, consequentemente, desprezará a verdade, a lógica, a razão. Determinado pela paixão, amará todos os valores irracionais e odiará todos os valores racionais. Tudo que for racional,

49

é universal – e judaico. Tudo que for irracional, é restrito àqueles magicamente iniciados, àqueles que participam dos valores irracionais por força da tradição, da raça, do sangue, do solo. O antissemita não pretende ser inteligente: ele reconhece ser medíocre; porém é uma mediocridade toda peculiar que o judeu mais genial não pode adquirir. O antissemitismo cria uma "elite dos medíocres" – a elite dos "legítimos" –, o legítimo francês, o legítimo alemão: ele tem o instinto, o judeu tem apenas o intelecto. Todos os valores inefáveis e indefiníveis são monopolizados pelos "legítimos", que lhes conhecem o segredo. O judeu francês, mesmo sendo um Bergson, nunca entenderá Racine tão a fundo como o mais simples camponês de raça pura; e o judeu alemão, mesmo sendo um Gundolf, nunca poderá sentir a "alma" de Eichendorff tão bem como um loiro oficial da ss (os exemplos são nossos).

O antissemita geralmente é pequeno-burguês, sem propriedade. Em compensação, é legítimo proprietário de todos os valores legítimos, intransferíveis, inatos. O judeu é eventualmente rico, mas a sua riqueza pode ser adquirida por qualquer um. O pequeno-burguês, na medida em que se sente visceralmente medíocre, precisa com urgência de alguém a quem se possa sentir superior. E encontra o judeu, que sempre é não legítimo.

Mas há mais. O antissemitismo é uma paixão que gera uma metafísica: a metafísica do maniqueísmo. Existem dois princípios metafísicos envolvidos numa luta mental um com o outro: o princípio do bem e o princípio do mal. O princípio do mal encarna-se no judeu. O judeu é Satanaz ou Ahriman. Ele, o ariano, é Ormuzd. As próprias virtudes, quando qualidades de um judeu, tornam-se vícios. A coragem do judeu é selvageria, a sua inteligência esperteza, a sua bondade uma isca. Não é o mundo em si que é mau – tal opinião o antissemita teme porque, caso fosse necessário, teria que agir para melhorá-lo. O mal básico do mundo é o judeu. Elimine-se o judeu e todos os problemas resolver-se-ão sozinhos. Não é preciso transformar o mundo ou tentar melhorá-lo.

Liquidando os judeus, pode-se deixar tudo como está para ver como ficará. Trata-se de uma guerra santa. O antissemitismo é, portanto, conservador e a sua metafísica funciona "como uma válvula de segurança para as classes abastadas, que o encorajam, transformando, assim, o perigoso ódio contra um regime em ódio contra algumas pessoas".

No maniqueísmo dos antissemitas esconde-se uma mórbida inclinação para o mal, uma curiosidade pelos judeus como representantes do mal. "A bela judia" tem, para o antissemita, um significado peculiar de ordem sexual – ela atrai os instintos do sádico que dormem na alma de todo antissemita. "A bela judia" é a moça "que os cossacos arrastam pela cabeleira através da aldeia incendiada".

Na essência, o antissemita é um criminoso com boa consciência – ele mata pela boa causa. Analisando bem, ele é o homem que tem medo de si mesmo, da sua própria mesquinhez, da sua solidão, do grande vácuo na sua alma. Sartre, porém, esquece que sadismo e masoquismo são fenômenos inseparáveis, dois lados do mesmo estado patológico: o sentimento esmagador de fraqueza e impotência, frequentemente intensificado por crises sociais. Masoquista, o antissemita procura vencer a fraqueza entregando-se e submetendo-se a uma entidade mística – Partido, Raça, Estado –, tida como toda-poderosa. Sádico, procura vencer a fraqueza através do domínio de outros tidos como mais fracos. Assim, o judeu tem, para ele, uma função importante. Se ele não existisse, o antissemita teria que inventá-lo. Horror dos horrores: sem o judeu, o antissemita, incapaz de inventar uma nova metafísica para explicar os males do mundo, teria que inventar o chinês, o negro ou o homem de sotaque diferente.

Os Judeus

Quem defende os judeus contra o antissemitismo é o democrata. Porém o verdadeiro democrata, ao fazer uso do intelecto analítico contra a tremenda paixão do verdadeiro antissemita, é um péssimo defensor. O judeu tem inimigos fanáticos e defensores mornos, pois a moderação é a profissão do democrata. O democrata, imbuído do espírito analítico da Ilustração, abstrai, ao examinar o francês, o judeu, o alemão, todos os traços peculiares e nacionais, chegando à conclusão de que todos eles são, no fundo, homens, simplesmente. Daí, segue-se que a sua defesa salva o judeu como homem, mas o destroi como judeu, ao passo que o antissemita o destroi como homem, nada deixando senão o pária, o judeu. Desse modo, parece que ao judeu só resta a escolha entre ficar cozinhado ou assado... Não obstante, o que é o judeu? Há duas espécies: o envergonhado e o altivo.

Existencialista, portanto impregnado de uma atitude antianalítica, intimamente ligada ao Romantismo e profundamente influenciado pelas teorias da *Gestalt* de Koffka e Köhler, Sartre não acredita na realidade de um "homem" abstrato, de uma "natureza humana" idêntica em todos os homens. O homem forma, com a sua "situação" biológica, econômica, política, cultural, uma totalidade, uma *Gestalt* sintética. Os homens se diferenciam segundo a situação em que se encontram e segundo a maneira de como reagem em face dessa situação. O judeu é uma síntese, uma totalidade concreta na qual características morfológicas, religiosas, sociais e pessoais se entrelaçam intimamente, formando uma unidade total, sem que essa unidade tenha sido hereditária. Não é a raça que o define, nem a religião, que para o judeu moderno se diluiu, restando apenas uma relação de cortesia ritual com a fé dos ancestrais. Tão pouco há uma comunidade histórica de judeus, pois uma diáspora que é uma longa passividade não se constitui em história. Na diáspora os judeus foram objetos, não criadores de história. Não os unindo o passado, nem a fé, nem o território, nem a nacionalidade, nem os interesses econômicos, nem a cultura, resta apenas a "situação" que os liga. O judeu envergonhado é aquele que quer fugir dessa situação ou que deseja camuflá-la ou esquecê-la. O judeu altivo é aquele que a reconhece como tal e a suporta conscientemente com espírito combativo.

Todos os judeus encontram-se na mesma situação, vivendo numa sociedade que os considera judeus. Mantendo-os, desde o início, desde a lenda do assassínio de Jesus pelos judeus, sob tremenda pressão, os antissemitas formaram a situação do judeu e, com isso, o seu caráter. Sentindo-se apenas uma função e criação dos outros, vive o judeu avassalado pela desesperada obsessão de observar e analisar constantemente o reflexo de sua imagem espelhada nos olhos dos não judeus, uma obsessão que produz a típica inquietude, *Unrast*, do judeu envergonhado. Por mais que suba na escala social, nunca deixa de ser um "marginal", repelido quando mais acredita ter-se integrado. Nunca possui nenhum dos "valores legítimos", visto estes não serem comparáveis, mas pertencerem aos "legítimos" desde o berço. Mero resultado da opinião dos não judeus, cada judeu observa e fiscaliza o outro judeu com olhos de antissemita, sentindo-se desnudado pelos gestos ou pelo comportamento dos irmãos. Dessa situação nasce a violenta autocrítica que o fragmenta em dois seres – um juiz e um acusado. Encarniça-se na sua autoironia judaica, vacilando entre sentimentos de superioridade e inferioridade. Finalmente, cansado da luta, torna-se masoquista, satisfaz-se com ser tratado como objeto. Nasce o judeu resignado de olhos "cheios de dor". Entrega os pontos e confessa, humildemente, ser judeu, feliz por ser definitivamente marcado e, portanto, livre de toda a responsabilidade. Já não tem de lutar – como o aluno que deixa de lutar porque sabe que não vai passar pelos exames.

Uma das principais vias de fuga do judeu envergonhado é o racionalismo. Pois a razão pertence a todos, não conhece fronteiras e nacionalidades e é igual em todos. É a fuga para o universal, pois a melhor maneira de não se sentir judeu é a entrega à lógica pura, ao imperialismo da razão. Assim, realizam num nível mais alto a união com a humanidade que se lhes quer recusar no nível social. É por isso que o judeu odeia todos os valores irracionais, "atmosféricos", o tato, as tradições, pois tais valores separam e diferenciam a humanidade.

Para o judeu dentro de sua situação, há somente dois caminhos: a fuga do judeu envergonhado ou o martírio do judeu altivo. Com palavras enfáticas, Sartre condena uma sociedade que colocou toda uma comunidade diante desse dilema: "Nós criamos essa espécie de gente proscrita... todos nós somos culpados, somos criminosos e o sangue que os nazis derramaram, nós mesmos o vertemos".

Ser judeu altivo significa confessar-se judeu e suportar esse destino. Significa aceitar voluntariamente o papel do condenado. No seu isolamento espontâneo, renunciando ao racionalismo otimista, torna-se verdadeiramente homem; escolheu o seu próprio destino. Todavia, tal atitude não é uma solução social. O sionismo seria, de acordo com Sartre, uma solução para uma parte dos judeus briosos, mas para aquela parte que tem de ficar no país de origem não representa nenhuma solução. O judaísmo altivo, portanto, é uma solução moral, um apoio ético, mas não é, segundo Sartre, uma solução política.

Tudo em tudo: não é o judeu quem cria o antissemitismo, mas é este quem cria aquele. O fenômeno original é, por consequência, o antissemita. Como foi verificado na parte I, o antissemitismo é, de acordo com Sartre, uma interpretação *bourgeoise* e mística da luta de classes na sociedade feudal e capitalista; uma tentativa desesperada de realizar uma união nacional, uma *Volksgemeinschaft* contra a estratificação da sociedade em classes econômicas; uma tentativa de fazer esquecer a realidade econômica através da criação de um antagonismo mítico e místico entre os "legítimos" e os judeus. A única solução é, portanto, a eliminação do antissemitismo pela transformação das condições sociais que o possibilitam, ou seja, segundo o então marxista Sartre, é preciso criar uma sociedade sem classes na qual os meios de produção sejam nacionalizados. "O antissemitismo é o nosso problema... Nós faremos a revolução também em benefício dos judeus".

Depois da análise do antissemita e dos judeus, passaremos a uma apreciação crítica da obra de Sartre.

Reflexões sobre as *Reflexões*
e sobre o Existencialismo

Não sabemos qual seja a opinião atual de Sartre a respeito desse assunto. A sua recente polêmica contra os marxistas é conhecida. Tão pouco sabemos se ele modificou a sua opinião sobre o sionismo, que ele considera apenas uma solução parcial para uma parte dos "judeus altivos".

As ideias expostas por Sartre com grande brilho e penetração não são tão novas como se pode pensar. Alguma coisa pertence ao "estoque" há muito tempo depositado nas prateleiras cerebrais de quem tenha refletido sobre esse assunto. Porém um novo acondicionamento muitas vezes dá um grande impulso à colocação do artigo, e não faltam a Sartre calor e generosidade para com a situação judaica. Posto isso, não será política errada aventurar algumas reflexões críticas sobre tais reflexões e sobre as ideias gerais de um pensador que defende os judeus com paixão e ataca os antissemitas com vigor. Sabemos que os nossos defensores democráticos são tão mornos que quase se aplica a eles a palavra de um grande profeta de ascendência judaica. No entanto, o nosso defensor existencialista, apesar do *sprit* francês, quase lança fora a criança com a água do banho.

Inicialmente, é preciso reconhecer com Sartre que nunca encontramos o "homem abstrato", em si, mas sempre homens concretos, integrados na totalidade de uma situação em face da qual supomos haver uma certa possibilidade de "livre escolha". Não encontramos nunca "homens", mas alemães, católicos, operários, protestantes, franceses, comerciantes, índios etc., cada qual formando uma totalidade sintética com a sua situação cultural, econômica, nacional, biológica etc. Desse fato, Sartre tira a conclusão, ao nosso ver errada, de que não há uma essência hominal subjacente, uma "natureza humana" idêntica em todos os homens, a qual, apesar de todas as variações locais e históricas, poderia garantir a igualdade essencial do ser humano. Que não há uma essência humana que precedesse a sua existência é o princípio mais alto do existencialismo de Heidegger e de Sartre. Tal princípio – supõe Sartre – decorreria do ateísmo de ambos os pensadores: não havendo um deus que predeterminasse o conceito hominal antes de criar – segundo esse conceito – o homem, vê-se o homem lançado no mundo, inteiramente indeterminado, livre, existindo apenas dentro de uma dada situação e de uma dada "condição humana". Daí a completa liberdade na escolha do seu caminho, isto é, na escolha do seu "projeto" e da sua essência. Não havendo nenhuma essência hominal subjacente, não há também, por conseguinte, nenhuma norma objetiva que ao indivíduo solitário indicasse um dever, um caminho certo a ser escolhido, como sendo o único caminho moralmente válido. Não há compromissos *a priori*; não há cartazes preestabelecidos que indicassem a direção, visto não haver nenhuma estrutura humana fundamental que servisse de base a um sistema objetivo de valores e normas válidos. O homem está entregue, de modo radical, à sua própria subjetividade existencial; entretanto, tem de fazer uma escolha autônoma, pois ninguém pode prescrever--lha; daí nasce a sua angústia, visto que ao escolher ele escolhe a si mesmo e à sua própria autenticidade.

Esse subjetivismo foi igualmente o de Kant. Também no caso do filósofo alemão, nenhum fim, conteúdo ou valor especial e preestabelecido dá dignidade moral à ação. A vontade deve, na ação atual, de novo a cada vez e de acordo com a situação, criar livremente os valores e conteúdos morais, tendo em cada caso a plena responsabilidade. Tal "subjetivação" kantiana da moral é, até certo ponto, existencialista. Mas a exigência (*Forderung*) moral, no sistema de Kant, não definindo embora os conteúdos específicos que dão valor moral à ação, define não obstante a ação específica que torna os conteúdos morais. Ou seja: não são as normas e fins que dão valor à vontade, mas a vontade, sendo boa, dá valor aos fins. Ora, a vontade boa é aquela que age, em cada caso concreto, movida por uma máxima subjetiva que possa se tornar lei universal para todos os casos concretos idênticos e para todo ser humano que se encontre em idêntica situação. A ideia de Sartre, nesse ponto, não parece ser muito distante daquela de Kant: "Quand nous disons que l'homme se choisit nous entendons que chacun d'entre nous se choisit, mais par là nous voulons dire aussi qu'en se choisissant il choisit tous les hommes" (Quando dizemos que o homem escolhe a si, entendemos que cada um de nós escolhe a si, mas com isso se pretende também dizer que, ao escolher a si, escolhe todos os homens). Sartre chega a fórmulas quase idênticas às de Kant: ao agir, ao escolher, "on doit toujours se demander: qu'arriverait-il si tout le mond en faisait autant?" (deve-se sempre se perguntar: o que aconteceria se todo o mundo fizesse isso de igual modo?). Isso é a fórmula exata de Kant e de certos sábios judeus, chineses, indianos, egípcios, cristãos.

A diferença decisiva é que, no caso de Kant, essa "lei", o imperativo categórico, encontra uma base na "razão prática" do homem (potencialmente idêntica em todos os homens); é por isso que "eu devo poder querer" que minha máxima subjetiva se torne uma lei universal, pois em caso contrário eu não poderia conceber nada como dever e obrigação que determinasse (autônoma e livremente) a minha vontade. No caso de Sartre, porém, não havendo nenhuma razão prática, nenhuma estrutura fundamental, nenhuma "essência" que "precedesse" a existência, não se entende por que um indivíduo, ao escolher, "deve poder querer" que a sua ação se torne "une image de l'homme tel que nous estimons qu'il doit être" (uma imagem do homem tal como nós julgamos que deva ser). Por que deve ser? De acordo com qual razão prática, com qual critério, com qual norma, *estimons* como deve ser a imagem do homem? É óbvio que, no caso de Kant, pressupõe-se implicitamente uma estrutura potencial – não realizada, mas em princípio realizável –, uma estrutura que a razão prática emancipada, através de múltiplos conflitos morais, tem de defender contra a "natureza animalesca" dos nossos instintos e impulsos, contra a nossa vontade protestanticamente corrompida e "radicalmente má". E essa "natureza humana", essa "alma superior", encontra-se, por sua vez, integrada numa estrutura objetiva, universal, não provada mas postulada: é exatamente aqui que começa a "fé" – "fé" num sentido tão sóbrio e racional quanto aquela dos cientistas quando postulam os axiomas básicos do nosso pensamento, os quais não são logicamente comprováveis por formarem, precisamente, a base do próprio pensamento lógico.

É por causa do subjetivismo desesperado de Sartre que toda a sua argumentação em favor dos judeus, em si extremamente simpática e brilhantemente conduzida, paira num vácuo total, no vazio do niilismo moral, por mais que Sartre fale, em outras obras, de "boa-fé" e de "autenticidade". Tais termos são, em essência, termos morais derivados de um sistema de valores subrepticiamente introduzido, pela porta traseira, no seu sistema assistemático. Da mera análise fenomenológica da existência, quando não se reconhece uma essência subjacente, não pode derivar-se nenhum juízo moral de valores. É por isso que nunca ficamos sabendo, no livro de Sartre, por que se deve fazer justiça aos judeus, por que se devem modificar as condições da sociedade, por que se deve negar o antissemitismo. Contra o antissemitismo somente é possível argumentar-se com razões válidas caso se pressuponha uma natureza potencial, idêntica em todos os homens, uma "razão prática" que garanta uma igualdade potencial de todos os homens, ou, em termos teológicos, caso se pressuponha que todos os homens sejam feitos, essencialmente, à semelhança de Deus. O pensamento de Sartre move-se num constante círculo. Negando, no fundo, a consciência moral, fala, no entanto, de "boa-fé", uma qualidade impossível sem uma consciência moral, isto é, sem uma razão suprema, normativa e objetiva, capaz de fazer juízos de valor que ultrapassem os valores relativos, convencionais e coletivos, estabelecidos segundo cada sociedade.

Por isso, a defesa sartriana dos judeus é fútil, tendo apenas um alto valor literário e humano. Segundo o seu sistema, o homem pode escolher livremente, mas nunca pode saber o que deve escolher. O homem é livre, mas não sabe para que fim. Ele pode decidir-se espontaneamente, mas não sabe em qual direção. "A filosofia existencial", disse Günther Anders, "decide-se com grave decisão por nada senão pela sua própria decisão". Por isso, se Sartre escolheu a defesa dos judeus, foi por mero acaso. Amanhã talvez escolha outra coisa. Talvez o amoralismo de Nietzsche que, já corroído pela doença, escolheu como "imagem" do homem a besta loira.

Ao não admitir valores objetivos, Sartre não pode reconhecer nenhum valor objetivo no judaísmo – como de fato não os menciona em nenhuma linha de suas reflexões. Não vê que o judaísmo, na sua acepção verdadeira, é um sistema criador de altíssimos valores morais; que na linha profética encontram-se indicados normas e fins – verdade, paz, justiça –, e na linha da *Torá*, os preceitos e métodos para alcançar tais fins. Ou seja, há aqui –, naturalmente formulado em termos de uma remota fase histórica – todo um sistema de verdadeira democracia, enfim, um cosmos racional e sensato de sentido universal. No entanto, para Sartre o "racionalismo" dos judeus é apenas uma "racionalização", uma fuga do judeu envergonhado. Um cosmos racional de sentido universal é inconcebível para Sartre, pois o seu existencialismo, assim como o de Heidegger, é a própria expressão do caos do nosso tempo.

O Messianismo Judaico e o Nazismo

Poucos desconhecem o fato de que, quem mais sofreu com o advento do nazismo na Alemanha e com as suas vitórias iniciais na Europa foram os judeus. Os demais saberão também que esta perseguição odiosa não era apenas casual, a simples brutalidade do mais forte contra o mais fraco, não somente um expediente hábil de propaganda contra o eterno bode expiatório que é o judeu; que tão pouco foi a sua causa principal o proveito econômico pela desapropriação dos seus bens e haveres. Sabe-se, ao contrário, que a campanha de extermínio que o nazismo moveu contra as comunidades israelitas foi motivada particularmente por princípios ideológicos. Cedo o nazismo reconheceu que, entre o judaísmo legítimo e o fascismo havia uma adversidade genuinamente espiritual, que o povo da *Bíblia* e dos profetas era o expoente de uma *Weltanschauung* tradicionalmente democrática, antitirânica. Só isto pode explicar o fanatismo e a ferocidade da perseguição que os judeus sofreram.

Tanto mais há que se admirar quem lê o interessantíssimo livro de Heraldo Barbuy: *As Origens da Crise Contemporânea*[6]. Em grande parte desta obra o autor procura provar que não há diferença entre o espírito alemão e o espírito nazista, e que estes "espíritos", essencialmente idênticos, são no fundo nada mais, nada menos, do que o espírito judaico. O imperialismo alemão, pondera o autor, não é outra coisa senão a expressão de um messianismo religioso e místico. "Porém, o que é o messianismo senão um produto da cultura judaica? Foram os judeus, com a sua preponderância na burguesia alemã, toda imbuída de religiosidade e puritanismo, que forneceram a ideia do messianismo alemão". Foram eles, argumenta o autor, os primeiros a criarem a ideia do "povo eleito", ideia esta também desposada pelo espírito germânico e, particularmente, pelos nazistas. É impossível discutir, neste ensaio, as profundas divergências que há entre o messianismo religioso judaico e o "messianismo" imperialista do hitlerismo. Sem querer defender a todo transe os judeus, e muito menos os alemães, pode-se dizer que todos os povos, em épocas de exaltação nacional e mesmo em épocas normais, acreditam, não digo serem superiores aos outros, mas ao menos terem uma "missão" especial a cumprir. Assim foi a França sob Richelieu, como filha predileta da Igreja, provocando a Guerra dos Trinta Anos, assim como também o foi a França na época da Revolução e sob Napoleão. E mesmo ultimamente, J. Maritain, o grande pensador católico, ainda

6. São Paulo, 1943.

falou na "vocação" da França – que, aliás, ninguém ousará negar. Da mesma forma o foi a Rússia, na ideologia cristã de Dostoiévski e, recentemente, sob o regime bolchevista. Não padece a menor dúvida de que a Inglaterra imperialista de Kipling está fortemente convencida de ser a "eleita" para reinar, como, na sua época de esplendor, a Espanha dominava em nome de Deus uma grande parte do continente americano, que somente agora desenvolve, por sua vez, uma ideologia de messianismo para salvar o mundo.

Em tudo isso, talvez, não haja nada que possa ser condenável. O essencial é a intenção. Pois, em muitos casos, o messianismo é apenas a máscara, a camuflagem que esconde tendências de expansão econômica e política. Porém, há também um messianismo legítimo e, quer nos parecer que o judaico, com as suas tendências religiosas, morais e sociais, pertence ao último tipo. Expressão pura disso encontramos em Isaías, quando diz: "Uma nação não levantará a espada contra outra nação, nem aprenderão mais a guerra", ou quando exclama: "A minha casa será chamada casa de oração para todos os povos". De forma semelhante, Ezequiel dirige-se contra aqueles que "usam de opressão para com o estrangeiro", contra aqueles que empregam a "usura e ganhos ilícitos, contra as "sórdidas ganâncias". Ideias idênticas, testemunhando uma elevada consciência religiosa, moral e social, encontramos em quase todos os profetas como expressão de um espírito diametralmente oposto às teorias nazistas. De qualquer maneira, acreditamos ser fortemente exagerada a identificação do messianismo judaico com o do nazismo, já que o autor faz questão de chamar messianismo o último que apenas pobremente, sob o *slogan* da "nova ordem"!, cobre o intuito brutal da rapinagem.

Um grande domínio dos fatos da história universal e uma faculdade e facilidade extremas de abstração seduzem o sr. Heraldo Barbuy no sentido de generalizações, muitas vezes brilhantes e às vezes apressadas. Se ele, por exemplo, diz que "na França existe uma cultura francesa.

Mas na Polônia e Alemanha predominou a cultura judaica", inclinamo-nos a chamar isso de uma conclusão apressada, considerando-se o "material de indução" que ele expõe. Não que fosse uma vergonha ter influenciado essas culturas. Porém isso não é um fato. A contribuição do espírito judaico para essas duas culturas foi relativamente medíocre, a não ser por intermédio do cristianismo que predomina, teoricamente, em todas as culturas ocidentais, não somente na Polônia e na Alemanha.

Da mesma maneira, é extremamente exagerada a opinião do autor de que os judeus criaram na Alemanha um "Estado dentro do Estado", opinião essa propagada pelos próprios nazistas que o sr. Barbuy combate.

Dizer que "essa concentração, essa lógica e essa análise aguda que se encontra em Kant, em Hegel ou em Schopenhauer tem alguma coisa do espírito judeu", não deixa de ser uma honra para esse mesmo espírito. No entanto, a mesma concentração, a mesma lógica e análise aguda demonstraram possuir não apenas os filósofos alemães, mas também, por exemplo, o grego Aristóteles, o italiano Tomás de Aquino, o francês Descartes, o inglês Hume e, em geral, todos os grandes filósofos, justamente por serem grandes filósofos.

Dificilmente o autor poderá provar que, antes do século XVIII, não tenha havido uma intelectualidade alemã, "mas havia (na Alemanha) uma *kultur* que se filiava às tradições do 'gueto'". Intelectuais, filósofos, pensadores, poetas e místicos como Reuchlin, Melanchthon, Alberto Magnus, Wolfram von Eschenbach, Hans Sachs, Jacob Boehme, Paracelsus, Eckhart, Tauler, Grimmelshausen, Gottfried von Strassburg, Fischart, Walther von der Vogelweide foram influenciados pelo espírito judaico somente de um modo muito geral, da mesma maneira como o espírito universal naturalmente contém elementos judaicos em consequência da irradiação milenária do Velho Testamento. Se a Cabala e a mística de Eckhart coincidem em certos pontos, trata-se sem dúvida alguma de uma semelhança geral, da qual todas as místicas têm parte, de modo que nos surpreende a perfeita identidade de certas expressões de Eckhart e do místico indiano Sankara, sem que um tivesse tido contato com o outro.

Tampouco poderá ser provada a afirmação do autor de que a burguesia alemã é recente e, nas suas tendências capitalistas, profundamente dominada pelo judaísmo. Em primeiro lugar, a burguesia alemã é muito antiga, tão antiga quanto as suas cidades, como os *Hanseaten* (hanseáticos) e os *Fugger* (banqueiros), bem como os *guilden* (guildas) das cidades medievais. Em segundo lugar, a afirmação do autor trai uma influência nítida da teoria de Sombart, à qual se pode contrapor a de Max Weber, que derivou o espírito capitalista não da mentalidade judaica, mas sim do calvinismo e do puritanismo.

Toda esta enumeração de teorias extremamente atraentes, porém um tanto frágeis, não diminui o valor deste livro, cuja leitura é aconselhável a todos aqueles que se interessam por temas semelhantes. É preciso saber, no entanto, que a simples coincidência de um messianismo judaico e de um "messianismo" nazista não identifica o espírito judaico com o nazismo. Chegar a tal conclusão, como acontece ao sr. Heraldo Barbuy, parece-nos consequência de uma lógica semelhante àquela que identifica uma laranja com certos pós venenosos de arsênico pelo simples fato de serem ambos amarelos.

O Sentido do Racismo[7]

Quem, nestes dias em que já se vislumbra a derrocada do nazismo, ainda escreve sobre a sua teoria, parece dedicar-se ao ramo literário da necrologia. Isto, porém, é um erro. O nazismo é apenas a expressão política e militante de uma atitude espiritual que não se derrota nos campos de batalha. Não falaremos aqui, em geral, sobre o "irracionalismo

7. Fonte desconhecida, 12 dez. 1943.

filosófico" que tanto contribuiu para fornecer as bases "espirituais" deste monstro político. Ocupar-nos-emos apenas de uma seção da filosofia nazista, talvez a mais importante: o racismo.

A teoria racista do nazismo está fixada principalmente na obra de Alfred Rosenberg, *O Mito do Século xx,* cuja essência é uma filosofia da história e, na qual, o autor pretende provar que a evolução histórica é efeito de uma luta entre as raças.

Baseando-se nesse axioma, Rosenberg estabelece que "todos os Estados do Ocidente e a sua obra criadora foram produzidos pelos germanos". Essa obra criadora compõe-se das culturas indiana, romana e da cultura germano-cristã propriamente dita.

A "prova fundamental" da superioridade das raças nórdicas é a seguinte. Depois de falar da larga difusão do mito solar, que encontrou eco em todos os povos da Antiguidade, Rosenberg afirma que este mito não teve origem nos diversos países separadamente, nem se desenvolveu nos vários povos independentemente; ao contrário, "ele nasceu lá onde o aparecimento do sol era uma experiência cósmica de intensidade máxima; no norte longínquo". Daí a conclusão de que, em tempos idos, de um centro nórdico "hordas guerreiras se irradiaram como primeiras testemunhas da ânsia (nórdica) de horizontes distantes". A conclusão, de que não somente o mito solar, mas também todos os fenômenos elevados da cultura foram transmitidos pelos imigrantes nórdicos aos indígenas, segue com lógica irresistível. É esta uma lógica nórdica, considerando-se que, de acordo com a teoria nazista cada povo tem a sua ciência, a sua moral e a sua lógica particular, para uso doméstico. De acordo com isto poder-se-ia argumentar, por meio de uma lógica tropical, que a experiência cósmica do aparecimento do sol é muito mais intensa nos trópicos e que, por exemplo, os índios da América do Sul adoravam o deus Guaraci. Poder-se-ia dizer, pois que toda a cultura se irradiou do sul, alegando também que, por onde quer que os germanos tivessem aparecido, já encontraram culturas elevadas, que se tinham desenvolvido sem a colaboração e a nova ordem das "hordas guerreiras" nórdicas. Poder-se-ia demonstrar que, na Idade Média, uma das culturas mais elevadas era a dos árabes na Espanha, enquanto os povos mais puramente nórdicos, os da Escandinávia, ainda viviam em completa penumbra cultural.

Mas é mais interessante seguir os passos tontos do filósofo nórdico. Falando dos gregos, ele diz que Apolo foi chamado por Homero de "loiro" e Atena, "a de olhos azuis", prova esta de que se trata de uma raça nórdica, que criou os deuses à sua semelhança e que protegeu "o sangue loiro" (sangue louro é sangue azul). Rosenberg esquece, porém, de citar o mesmo Homero quando chamava aos maiores deuses, Zeus e Hera, "os cabelos escuros", e designava Poseidon, na *Ilíada* e na *Odisseia*, como "o de cachos pretos".

O conhecido antropólogo Dickson descobriu que os heroicos espartanos pertenceram à raça alpina, cuja qualidade principal, para Rosenberg, é uma nova e ébria revelação do sangue nórdico, e é indicada por Gobineau, o pai da teoria racista, como a vitória dos poderes antiteutônicos. Pitágoras, consoante a opinião de Rosenberg, é o profeta do mundo inferior afro-asiático. Mas justamente este Pitágoras tornou-se, com a sua teoria dos algarismos, um dos primeiros fundadores da ciência que, de acordo com Rosenberg, é um "acontecimento nórdico".

Poder-se-ia continuar na enumeração de semelhantes contradições e absurdos por muitas colunas. Não se deve esquecer, entretanto, a tendência escondida sob as palavras ocas. Vejamos bem o que ele diz. Falando da Roma antiga, Rosenberg descreve a decadência da democracia romana. Nos meados do século v a. C., (assim ele se exprime), "foi dado o primeiro passo para o caos, permitindo-se o matrimônio entre patrícios e plebeus, apesar de serem, os primeiros, de raça nórdica, e estes de raça inferior". "O resultado desta 'bastardização' foi o proletariado".

Estas frases contêm toda a essência da teoria racista do nazismo. Examinemos um período que Hitler pronunciou num discurso proferido no "Dia do Partido Nazista", em Nuremberg, em 1933: "A igualdade é o maior empecilho de toda ordem social, pois entre iguais não há subordinação. Os dois conceitos de 'mandar' e 'obedecer' recebem, um do outro, exato sentido no momento em que homens de valor diferente se encontram. A raça superior triunfa sobre uma raça inferior e estabelece, então, uma relação que liga raças de valores desiguais".

O único meio que, de acordo com o nazismo, existe para provar qual é a raça superior, é o poder, a força e o domínio. O povo que domina é de raça superior. Ou, falando em termos de política interior: a classe que domina é de raça superior. A teoria racista do nazismo não é outra coisa que a justificação da classe dominante (neste caso, as classes feudais e industriais da Prússia) pela mitologia, dando-lhe uma boa consciência. É a expressão mitológica da vontade de conservar o estado social das coisas com o auxílio de uma nova teoria de valores em sentido nietzschiano. É a tentativa de formar um monopólio de classe, uma aristocracia de poder – tentativa esta que, longe de ser apenas uma expressão do nazifascismo, no fundo se assenta na base de um capitalismo degenerado, que se esqueceu das raízes liberais e sãs das quais ele mesmo nasce. Assim, não é de admirar-se que este mesmo capitalismo degenerado houvesse financiado Hitler.

Vejamos em torno de nós. Em cada esquina há racistas ardentes. O racismo é o modo melhor de um querer ser melhor do que o outro – sem a necessidade do esforço próprio. O racismo é a expressão de todas as forças antidemocráticas, que se baseiam no privilégio dos "bem nascidos" e da herança, seja biológica ou economicamente falando. Pertencer a uma "família tradicional" não dá direitos, mas apenas obrigações – pelo menos assim deveria ser. Não só o "ariano" quer ser melhor do que o "judeu", mas também o "branco" quer ser melhor do que o "preto". E os próprios judeus, tão perseguidos pelos arianos, ainda têm preconceitos raciais e se gabam de pertencer ao "povo eleito".

Naturalmente, sempre há de haver alguns que dêem ordens e outros que obedecem. Até aqui, Hitler tem razão. Mas o critério para esta superioridade não é, como ele diz, o da raça, ou seja, o poder daqueles que dominam e formam uma casta eternamente privilegiada, impermeável, impedindo o intercâmbio entre as classes e as raças. O critério deve ser o da inteligência, o valor intrínseco, a qualidade criadora de cada indivíduo, formado e educado em igualdade de condições e possibilidades, independentemente de classe e raça, na base de uma democracia que torne acessível o aperfeiçoamento destas qualidades individuais, sejam eles pretos ou brancos, pobres ou ricos.

Restaram os Arquivos

A alma humana é dotada de alta capacidade de esquecimento, seleção de "memórias" e de defesa contra impressões demasiadamente brutais. Sem a existência de tais faculdades, destinadas a equilibrar a economia psíquica, provavelmente não poderíamos viver. Esquecemos com rapidez o terrível. Não admitimos a presença constante de ideias e emoções por demais torturantes. Números abstratos não nos abalam e as estatísticas não sangram. Somos incapazes de apreender em toda a sua dolorosa realidade o sofrimento de milhares de pessoas. Ao ver uma pessoa atropelada na rua, impressionamo-nos mais do que ao lermos, nas folhas, a notícia de um terremoto que vitimou povoações inteiras. Ao se assistir, no cinema, à morte de uma heroína fictícia e bem maquilada, muitos espectadores se comovem, ao passo que, sem um piscar de olhos, tomam conhecimento do extermínio de comunidades inteiras, sem exceção das crianças.

Todavia, acontecimentos há que não devem ser esquecidos. O extermínio de 35 por cento da população judaica da terra e de dois terços da Europa não devem ser esquecidos, nem por nós, diretamente envolvidos, nem pelo resto dos homens, cuja responsabilidade é inegável. É preciso manter viva a lembrança desses bárbaros acontecimentos, não a fim de provocar ódios e sentimentos de vingança, mas para que ela sirva de advertência perene, de constante exortação; para que ela intensifique a vigilância da humanidade em face de sua própria corrupção, de sua própria crueldade e dos próprios instintos demoníacos pelos quais, em determinadas circunstâncias, se deixa dominar.

Com o fito de coordenar e sistematizar uma rigorosa documentação no tocante aos acontecimentos que, durante os anos de 1939 a 1945, aniquilaram a maior parte das comunidades judaicas da Europa, reuniram-se em 1947, em Paris, pela primeira vez, as Comissões Históricas e os Centros de Documentação Judaicos da Europa. O resultado dessa conferência foi compilado num volume, *Les Juifs en Europe* (Os Judeus na Europa), contendo os referidos relatórios e editado pelo Centre de Documentation Juive Contemporaine[8].

Num dos numerosos relatórios, nos quais são abordados os mais variados assuntos ligados ao pesadelo hitlerista, M. Edmond-Maurice Levy expõe o sistema de arquivamento dos materiais do Centre de Documentation Juive Contemporaine. Trata-se de documentos manuscritos, impressos (livros, jornais, folhetos etc.) e gráficos. Certa parte consiste de originais, outra parte é formada de reproduções fotográficas. A reunião do material foi facilitada pelos arquivos oficiais, tanto da França quanto de outros países, particularmente no que se refere ao Processo de Nuremberg.

Todos os documentos são arquivados de acordo com os mais modernos processos, havendo um sistema completo de classificação com fichário segundo matérias, pessoas etc. A massa dos documentos é de tal maneira enorme que se tornou necessário reproduzi-lo em microfilmes para evitar a necessidade de locais extensos e prédios adequados. Portanto, os documentos são filmados, enrolados em bobinas e guardados em latas de alumínio as quais, por sua vez, são depositadas na caixa forte de um banco.

8. Paris, 1949.

Atualmente – explica em outro relatório o sr. Henri Monneray –, procura-se estabelecer uma perfeita coordenação entre os diversos Centros Europeus a fim de facilitar o intercâmbio de informações.

Para tal fim, procura-se estandardizar os sistemas de classificação, as fichas de referência, os índex, as bibliografias, microfilmes – todos os detalhes devem ser organizados, em todos os países, segundo os mesmos princípios e de modo uniforme. Para garantir a veracidade dos fatos, os documentos deverão ser submetidos a um cuidadoso exame que lhe confirme a autenticidade. Tais métodos científicos facilitam a troca de informações e contribuem assim para a procura de criminosos de guerra e de vítimas (este objetivo, naturalmente, tende a perder, aos poucos, a sua importância). Ao mesmo tempo – e principalmente com tais métodos –, garante-se a acumulação de um material acessível que, em tempos futuros, será uma fonte inesgotável de dados precisos para o historiador especializado.

A tremenda massa microfilmada de documentos arquivados nos diversos Centros Judaicos – uma documentação patética e cruel, rigorosamente autentificada por testemunhas oculares, por relatórios de sobreviventes, por fotografias e confissões de criminosos –, fala uma linguagem que atravessa o aço das caixas fortes. Tal material é aumentado por uma quantidade imensa de papéis oficiais, de documentos secretos, ordens e relatórios ultra confidenciais, apreendidos nos caos do debacle alemão – documentos que os nazistas, na surpresa da derrota repentina, não conseguiram destruir. Por sua vez, os processos dos criminosos de guerra produziram pilhas de documentos íntimos e confissões, revelando diretamente a perversidade e a depravação dos chefes nazistas. "A Destruição do Segundo Templo, que se designa em hebraico como *Hurban*[9], teve em Flávio

9. Do hebraico *hurban*, destruição, ruína, em geral; aqui, refere-se à destruição do Beit Ha-Mikdasch Rischon, o Primeiro Templo ou do Beit Ha-Mikdasch Schnei, o Segundo Templo, como no caso acima, de Flávio Josefo (N. da E.).

Josefo o seu historiador; as Cruzadas, a expulsão da Espanha e os *G'zeirot Takh*[10] tiveram igualmente os seus cronistas; nenhum Flávio Josefo, porém, terá a capacidade de abarcar, sozinho, a última catástrofe na sua envergadura gigantesca, na sua imensa extensão geográfica, na sua diversidade inexaurível dos aspectos dos problemas que ela propõe"[11].

De tal forma imensa é a tragédia que não somente um, mas uma dezena de historiadores haveriam de fracassar ao tentarem escrever a história daqueles anos: simplesmente devido ao fato de que as ocorrências transcenderam, na sua multiplicidade, o próprio terreno do historiador e exigem a presença de sociólogos, psicólogos, e mesmo de filósofos, para revelar-lhes a essência. Com efeito, o futuro há de elaborar grande quantidade de monografias não propriamente históricas, mas psicossociológicas, analisando, descrevendo e interpretando *L'Univers concentrationnaire*, através de uma "Campografia" e "Campologia"; a guerrilha dos *partisans* com os seus problemas tático-militares; a reação psicológica diversa das vítimas; a completa inversão dos valores no inferno dos guetos e campos; a existência das milícias judaicas, dos colaboradores dos guetos e dos campos. Hão de ser descritos, analisados e interpretados a degradação moral obtida pelo inimigo, a dissolução de todas as instituições e estruturas sociais e o surgir de novas estruturas de emergência no seio das massas perseguidas; a atmosfera corrosiva das torturas; e ao mesmo tempo o martírio heroico dos movimentos de resistência, a glória imortal daqueles que nunca se deixaram abater pela avalanche de miséria e sadismo, nem pela própria impotência e pela fragilidade dos meios de combate.

Nenhuma ficção, nenhuma dramatização, nenhuma acusação, nenhum impulso de vingança, nenhum ódio. A seca e

---

10. De *G'zeirá*, decreto, édito, geralmente, limitando direitos e *T'kh*, 5408, pois no alfabeto hebraico as letras têm valor numérico, constitui referência ao grande morticínio de judeus de 1648-1649, na revolta cossaca de Khmaelentzki (N. da E.).

11. Relatório do dr. P. Friedmann, Munique.

neutra análise e interpretação dos fatos e a sua meticulosa descrição falam uma linguagem cujo eco os séculos hão de ouvir. Nós outros estamos ainda no centro imóvel do furacão. Até hoje, estamos entorpecidos e paralisados, em estado de choque. Somente à distância revelar-se-á, a almas menos traumatizadas, a fúria humana que irrompeu naqueles anos. Ai de nós que temos de encarar os gritos de agonia em microfilmes, bobinas, latas de alumínio e bem fundo nas caixas fortes de bancos para não esquecê-los e transmiti-los às futuras gerações! Ai de nós que temos de olvidar, que temos de cobrir os olhos e ouvidos para poder viver!

Tinha Hitler Razão?[12]

Embora não me pareça ser trabalho fecundo debater com argumentos racionais as afirmações puramente emocionais, completamente gratuitas e infundadas do sr. P. G. C., aqui estou para tecer alguns comentários acerca do seu artigo "Hitler Tinha Razão"[13].

O teor do artigo consiste na opinião de que Hitler foi um gênio que tinha razão ao lançar a Alemanha na guerra (já que ela foi traída no Tratado de Versalhes e necessitava de espaço vital); e que tinha razão ao perseguir os judeus (já que eles deturparam o espírito criador do povo germânico).

De um lado, o sr. C. não aprova a atitude extrema de Hitler (exterminando seis milhões de judeus), mas de outro lado acha que se tornava "premente uma extirpação (do cancro judaico) para assegurar ao grande Reich o lugar que tinha direito no concerto das nações". Não sei exatamente de que modo o sr. C. pensaria realizar essa extirpação sem recorrer àquela "atitude extrema".

Mas há ainda a circunstância, nada desprezível, de que, para nenhuma das afirmações mencionadas acima, o autor

12. *Jornal de Debates*, 14 set. 1951.
13. *Jornal de Debates*, 17 ago. 1951.

procurou dar provas de qualquer ordem. Que Hitler foi um gênio é uma opinião gratuita. Hoje, qualquer cabeleireiro, "criador de modas" ou "astro" de Hollywood é chamado de gênio. O termo perdeu, atualmente, qualquer sentido. Seria interessante usá-lo com mais discernimento para valorizá-lo de novo. De resto, estamos aqui no terreno do mero opinar, não há critério objetivo para verificar se Hitler foi ou não foi um gênio. Hitler fracassou, não realizou nada de útil; ao que me consta, é isso que conta no terreno político. Se Hitler foi realmente um gênio, então devemos chamá-lo de um "gênio do mal", um gênio eminentemente destrutivo. Não há verdadeiro amigo da Alemanha e da sua grande cultura que não deplore o tremendo desastre a que o próprio povo alemão se condenou ao pactuar com esse homem. Vultos alemães de "puro sangue ariano", legítimos representantes da cultura germânica, como o grande filósofo Karl Jaspers e o grande escritor Thomas Mann, condenaram publicamente o movimento nazista; e o fizeram porque amam a sua pátria e porque representam as tradições mais elevadas de uma grande cultura. Somente um inimigo da Alemanha poderia escrever as palavras do sr. C., elogiando Hitler.

Além de ser um gênio, Hitler "tinha razão", segundo o sr. C. Se o autor se refere àquela faculdade espiritual que os franceses chamam de *raison* e os alemães de *Vernunft*, deve-se acentuar que Hitler não tinha muito disso; ele até detestava tudo que cheirasse a faculdades racionais. O que valia na Alemanha nazista era a emoção, a paixão, o fanatismo desenfreado.

Evidentemente, porém, o sr. C. usa a figura "ter razão" num outro sentido. Não no sentido de que Hitler estava na posse de suas faculdades racionais (pois reconhece que o "gênio anda próximo da loucura"), mas na acepção de que o ditador tinha o direito do seu lado. O direito, certamente, não no sentido jurídico, visto que Hitler violou todos os tratados e pactos. Em sentido moral, então? Fico ruborizado ao usar esta palavra tratando de quem trato, e retiro a suposição porque não há maior paradoxo do que a reunião de conceitos como "política nazista" e "moral". O próprio Hitler costumava mofar-se de conceitos como "verdade" e "moral". "Verdade é aquilo que serve ao povo alemão, o mais alto bem é aquele que é útil para nós!" – este o seu lema e ele o proclamava abertamente. Em que sentido, então, tinha Hitler razão? O sr. C., naturalmente, pensa no direito do "sacro egoísmo", já que fala da urgente necessidade de "espaço vital". Embora isso não seja uma maneira curiosa de "ter razão" – pois se trata da razão da força, que não é razão nenhuma –, o sr. C. tem de reconhecer que, mesmo neste sentido, Hitler não tinha razão, pois que para isso não possuía bastante força. No terreno do "sacro egoísmo", só terá razão quem mais poder tiver.

Quanto ao Tratado de Versalhes, ao invadir a Polônia, Hitler já obtivera muito mais do que mesmo um tratado ideal lhe concederia (a Áustria, por exemplo), e as potências ocidentais estavam prontas para conceder-lhe ainda mais. Ao invadir a Polônia, perdeu a razão em todos os sentidos. Cometeu uma verdadeira loucura, jogando com o destino de uma grande nação. A sua maneira de obter espaço vital foi a de dizimar o próprio povo e de semear a ruína através da Europa.

No que se refere à raça judaica, asseguro ao sr. C., sem esperar convencê-lo, que não existe uma raça judaica. É absurdo repetir insistentemente opiniões desmentidas há muito pela antropologia. Mesmo se existisse tal raça, não se poderia deduzir daí determinada estrutura mental ou psíquica com características fixas inatas. Até hoje, a antropologia não conseguiu encontrar nenhuma característica mental ou psíquica que fosse racialmente determinada, que dependesse, portanto, do fato de alguém pertencer a determinado grupo étnico. Certas semelhanças nas atitudes e nos comportamentos, certas tendências coletivas de agir, de certo modo são condicionadas pela cultura e pela situação social, nunca pela raça. Isto, em ciência, é hoje lugar-comum. O sr. C. deveria cuidar de se informar sobre isso em fontes recentes. Não quero exagerar o valor da ciência, mas é desonesto menosprezar os seus resultados. Portanto, se os judeus desenvolveram certas características específicas, isso é consequência de sua situação específica – consequência de uma perseguição milenar, consequência, enfim, da anormalidade em que vivem devido a pessoas como o sr. C. Se entre essas características específicas – algumas boas, outras más, como é regra entre toda coletividade – se conta a da "impiedade", ela é difícil de se averiguar e a afirmação do sr. C. é inteiramente gratuita, já que não acrescenta nenhuma prova.

De resto, não há grupos, mas apenas indivíduos "impiedosos". Boa parte do povo alemão mostrou-se extremamente impiedosa durante a guerra passada, mas seria grave erro dizer que "o povo alemão é impiedoso". Tal maneira de falar e pensar revela um primitivismo extremo. Que eu saiba, não existem dados de qualquer ordem que comprovem o grau de impiedade de qualquer coletividade.

Quanto aos judeus alemães (dos mais variados tipos raciais, havendo loiros, morenos, altos baixos, dolicocéfalos, braquicéfalos) representavam apenas um por cento do total do povo alemão. Certa parte (pequena parte) participava intensamente da vida cultural alemã e, longe de prejudicá-la, contribuiu em escala razoável para o alto nível intelectual do país. Isso, naturalmente, não se deve exagerar. Havia alguns químicos, físicos, médicos, biólogos excepcionais, mas a média era tão medíocre como costuma ser a média. Não compreendo bem como um físico pode deturpar o espírito alemão. Ao que saiba, não existe uma física de caráter alemão e outra de caráter judaico: existe, isso sim, a física simplesmente. Na filosofia, alguns judeus, como Cassirer e Cohen, continuaram a tradição kantiana, legitimamente alemã; outros, como Simmel, afastaram-se dela, filiando-se mais às tendências ligadas a Dilthey, também autenticamente alemãs; e ainda outros, como o grande Husserl (meio-judeu) tornaram-se os fundadores de novas escolas, tendo este último influenciado, de modo decisivo, o legítimo alemão Heidegger e o seu existencialismo. Na literatura não produziram, neste século, nenhum autor tão importante como Thomas Mann, mas há entre eles alguns de real valor, como Jakob Wasserman e Alfred Döblin, este mais "alemão" do que Thomas Mann, pois voltou à Alemanha; há vários grandes poetas, entre eles Franz Werfel que, embora romancista de méritos menos acentuados, tornou-se famoso justamente nesse campo, particularmente com a sua obra sobre Lourdes. Os mais conhecidos, como Stefan Zweig, por exemplo, são naturalmente os menos importantes, mas isso é a regra.

Em tempos normais, o povo alemão sempre reconheceu os verdadeiros valores entre os judeus e estes, por sua vez, foram sempre os maiores entusiastas dos verdadeiros valores alemães. Quem contou ao sr. C. que, segundo a "praxe", os judeus relegavam "o alemão genuíno para plano inferior"? Isso é uma inverdade perfeitamente tola. Foram, em geral, os judeus os intermediários que apresentaram grandes alemães ao mundo. Georg Brandes, o grande crítico judeu (escandinavo), tornou Nietzsche conhecido na Europa. Os judeus tinham uma paixão quase mórbida por Wagner. Gerhart Hauptmann – um dos maiores dramaturgos – encontrou os mais leais adeptos e propagandistas do seu nome entre os judeus. Foram os judeus que mais se bateram por ele quando ainda não alcançara a fama universal. Judeus havia no círculo em torno do grande Stefan George, glorificando o incomparável mestre da poesia alemã, só igualado por Rainer Maria Rilke. Os editores judeus eram os primeiros a ampararem autores alemães, jovens ainda sem nome. E tão insistente era o zelo com que os judeus se esforçavam por tornar conhecidos os "gênios" alemães que o próprio Thomas Mann, no seu romance *Dr. Fausto*, introduziu num capítulo precioso um "empresário" judeu que se empenha em apresentar ao mundo a figura principal do romance, o compositor Adrian, o típico gênio alemão.

Na imprensa, os judeus tiveram realmente certa influência, mas o maior truste (Schert-Hugenberg) não estava em mãos de judeus. A imprensa "judaica" de Mosse e Ullstein tinha o nível razoável, as boas e más qualidades de toda a imprensa burguesa, onde quer que seja. Não resta, porém, a menor dúvida de que o "ariano" Hugenberg contribuiu mais para a desgraça da Alemanha do que os Ullstein e Mosse. Evidentemente, o sr. C. está muito mal informado a respeito dessas questões e deveria cuidar de estudar o assunto mais de perto antes de se abalançar a escrever tão levianamente sobre matéria tão complexa.

O mais curioso em toda esta balbúrdia de estereótipos e clichês baratos, perfeitos alcaides que já não encontram mercado, é a afirmação estonteante, no fim, de que ele, autor, se considera um defensor das ideias liberais. Eis aí uma concepção original do liberalismo. Triste fim de uma ideologia que já teve os seus grandes dias.

O Poder da Propaganda

1

Propaganda é o instrumento conscientemente usado por poucos para tornar conhecidas e valorizar, entre muitos, ideias, coisas, instituições e pessoas, e para formar e influenciar opiniões, crenças e hábitos. Pessoas de destaque tiveram, já nos tempos antigos, a sua fama aumentada pelo canto propagandista de poetas avassalados. Instituições religiosas fizeram propaganda não só por intermédio de missionários mas, de modo mais sutil, ao se servirem de templos magníficos, de esculturas, músicas e quadros apropriados para deslumbrar e sugestionar os crentes ou aqueles que poderiam tornar-se crentes.

Somente nos tempos mais recentes, porém, devido ao aperfeiçoamento dos meios técnicos, encontramos uma propaganda cientificamente organizada para impor ideias, pessoas ou coisas às massas, para seduzi-las ou para esclarecê-las – propaganda essa que tanto pode estimular um povo para a ação, como embalá-lo para não reagir contra ações.

Uma propaganda bem organizada pode produzir efeitos marcantes no espírito de um indivíduo. Uma pessoa é sumamente flexível na sua evolução, podendo dizer-se que ela contém, potencialmente, vários indivíduos escondidos, de maneira que é difícil determinar a sua estrutura essencial, a sua personalidade congênita. Uma pessoa de trinta anos chega a exteriorizar uma personalidade mais ou menos definida, mas se as contingências de sua vida tivessem sido outras, ela teria, apesar do seu tipo caracterológico fixo, das suas disposições afetivas profundas e invariáveis e das suas aptidões intelectuais inatas, dentro de certos limites, evoluído de outra maneira. E teria, de acordo com isto, também pensado diferentemente. Há uma infinita quantidade de pessoas, mesmo entre os cientistas, que consegue pensar de modo absolutamente autônomo, ou seja, impulsionada pelas solicitações intrínsecas do objeto e do fato e através de um raciocínio puramente lógico. Essa autonomia não está baseada propriamente no processo do pensamento lógico e científico, pois este é determinado pelo raciocínio certo e pelos fatos, sendo, pois, tão pouco "livre" como o cair de uma pedra.

A autonomia está na vontade de pensar de acordo com esse processo, de subordinar-se a ele espontaneamente, da mesma maneira como a autonomia moral está baseada na resolução de submeter-se às normas morais e de agir impulsionado por elas. Mesmo uma "autonomia relativa" de pensamento é rara. Encontramo-la nos indivíduos que formam as suas principais opiniões, embora sob a pressão das contingências e da localização individual, e embora obedecendo também a uma lógica afetiva, pelo próprio esforço, assimilando-as intimamente; são indivíduos que não recebem resultados, mas que chegam, eles, aos resultados através de um processo de avaliação cuidadosa e ponderada.

Da mesma maneira como sobre um indivíduo, a propaganda pode agir sobre o espírito de um povo; ou seja, sobre o seu meio espiritual, as suas leis e normas, a sua língua, os seus costumes e crenças, as suas tradições, o seu ensino – fatores esses condicionados essencialmente pela terra, pelo clima, pela dialética econômica, e articulados por seus poetas, artistas, pensadores, políticos e, de modo indefinível, segundo cada indivíduo que, sendo grandemente formado pelo ambiente, contribui, por sua vez, com uma mínima parcela para a formação desse ambiente. O espírito de um povo não é fixo, é vivo e móvel através dos tempos, seguindo, nessa evolução, certas regras que, em linhas gerais, a filosofia da história e a sociologia estudam. A teoria de que há, em cada povo, ou "por cima dele", um espírito definitivo, essencial, espécie de entidade e tendência eternas, predisposição invariável por isto ou aquilo, é mera suposição metafísica ou demagógica, refutada pelos fatos. Um povo é, calculando-se em épocas, mais flexível do que um indivíduo, pois não possui, como este, uma personalidade congênita. A "raça" de um povo (se há povos formados por uma só raça) não é a sua personalidade congênita, já que essa raça é, por sua vez, um produto histórico. Se uma pessoa normal é, no percurso de sua vida, sempre a "mesma", não só jurídica mas nominalmente, dá-se isso porque ela possui autoconsciência e memória, e consequentemente uma certa "lealdade" consigo mesma, ligando, pois, todas as suas ações, emoções e pensamentos, a um "Eu". Somente por isso é que um indivíduo se sente – às vezes – responsável por uma promessa feita há vinte anos. O mesmo sucede com um povo. Não existe uma consciência coletiva, a não ser num sentido vago de analogia, sendo que também apenas por analogia se pode chamar a tradição de um povo de sua memória. Eis por que um povo, na sucessão das suas gerações, não é responsável no mesmo sentido que um indivíduo.

O espírito de um povo, numa dada época, abrange todo o conteúdo de suas tendências políticas, ideológicas, estéticas, religiosas e morais, e como tal contém tanto tendências "legítimas", como "ilegítimas". Considerando-se que o espírito objetivo (ao contrário do pessoal, para usar a terminologia de Hegel), não possui consciência, ele também não tem o critério, a medida para eliminar aquilo que é ilegítimo. Só a consciência individual e autônoma (por intermédio do seu gosto estético, do seu raciocínio, do seu sentimento religioso, da sua vontade moral) pode avaliar o que é legítimo na arte, na moral, na religião e na política. Por isso o Estado, que em si é inconsciente e em cujo terreno político esta falta adquire maior gravidade, precisa emprestar-se as consciências pessoais dos estadistas, os quais, na sua limitação individual, naturalmente são expostos a enganos na avaliação do legítimo e do ilegítimo. Eis por que Platão queria que os filósofos, baseando-se no critério da ciência, governassem. Porém a ciência é vagarosa e a política precisa de decisões imediatas – ela não pode esperar a conclusão definitiva dos cientistas. O lema do político (como do militar) que enfrenta uma crise é: agir, mesmo agindo mal. O lema do cientista é: tirar conclusões somente depois de conseguir todos os dados e esperar até conseguir o último.

No fundo, o povo tem geralmente um vago sentimento do legítimo. Mas esse sentimento, além de ser muito sugestionável, apenas raras vezes consegue expressar-se clara e definitivamente. Assim, a verdadeira prova de fogo do legítimo são os séculos que, na sua passagem, revelam aquilo que, de uma dada época, sobreviveu e se conservou como elemento vivo na dialética da história. É nesse sentido que Hegel chamou a história de o *forum* universal.

2

Verifica-se, pois, que a propaganda pode facilmente influenciar indivíduos que não tenham autonomia, bem como o espírito de um povo ou de uma época que não tenha consciência. É natural que a simples propaganda não pode impedir um processo histórico que obedece às determinações econômicas e sociopolíticas, nem interromper a dialética parcialmente autônoma do pensamento científico ou filosófico de um povo. No entanto, ela pode atrasar aquele processo ou esta dialética, ou pode acelerá--los, pode desviá-los ou pode encaminhá-los. Encontrando uma certa disposição, ela pode contagiar um povo ou povos inteiros como uma epidemia maligna. Claro está que há uma propaganda sã, aquela que se dirige ao raciocínio do povo e, consequentemente, que é movida por intenções sérias. Toda propaganda irracional, ao contrário, é essencialmente duvidosa. A primeira é de efeito mais durável, mas a segunda é muito mais poderosa. Não se vende um sabonete às massas em consequência da sua qualidade, destacando-a com argumentos lógicos e científicos. Dá-se saída a um sabonete, qualquer que seja a sua qualidade – pelo menos durante um certo tempo (pois também aqui o legítimo costuma perdurar) –, por intermédio de um sistema sutil de sugestão, pela repetição monótona e tenaz do seu nome, por meio de cartazes berrantes com rostos de mulheres lindas. Inventam-se *slogans* e versos, compõem-se músicas, reza-se o nome no rádio, mostra-se a marca no cinema, anuncia-se nos jornais, enche-se a atmosfera com o produto. Esta propaganda não se dirige à consciência, mas ao subconsciente dos indivíduos. Ela faz com que se respire a marca, como o ar, que se sonhe com ela ou pelo menos com as lindas mulheres que a representam. A sua finalidade é tornar automática e habitual a compra de uma certa marca, o que quer dizer inconsciente e independentemente de uma avaliação relativamente livre da sua qualidade verdadeira. Da mesma maneira costuma agir a propaganda política e ideológica. Geralmente não se faz propaganda de verdades matemáticas e nem de mentiras evidentes. O verdadeiro terreno da propaganda irracional é o duvidoso. Verdades evidentes não precisam, por si, de propaganda, ou só de uma propaganda racional que as torne conhecidas. Mentiras evidentes, mesmo com propaganda, não se propagam. Poucas, porém, são as verdades e mentiras evidentes, e numerosas são as paixões e opiniões no terreno da realidade política, econômica e social – terreno de tal modo complexo que, até os próprios estudiosos da matéria se confundem com facilidade. E mesmo as verdades evidentes, neste terreno, foram com tanta perspicácia

80

escurecidas que, hoje em dia, já é difícil dizer-se o que é democracia e o que é fascismo. Há cientistas que esclarecem coisas e há cientistas que, às avessas, as escurecem. Não estamos muito distantes do tempo em que será necessário fazer propaganda do fato de que dois mais dois são quatro, contra aqueles que afirmam que dois mais dois são cinco. A própria verdade, coitada, já precisa de propaganda em grande escala. Mas para redescobrir a verdade precisamos de um século sem propaganda.

O melhor exemplo do poder enorme da propaganda cientificamente irracional é a vitória do nazismo na Alemanha. Naturalmente, esta propaganda encontrou certas inclinações históricas e uma disposição propícia num povo que perdera uma guerra, que passara por uma inflação de consequências funestas para as economias da pequena burguesia e que, com vários milhões de desempregados, estava atravessando uma das maiores crises mundiais já causadas pelo capitalismo. Era preciso, porém, lançar o micróbio para aproveitar a disposição e criar a doença. Quem o fez foi Hitler, um fenômeno na arte e na ciência da propaganda demagógica. Em poucos anos, ele conseguiu hipnotizar um povo inteiro, tido como um dos mais cultos. Com uma organização minuciosamente calculada, servindo-se de luzes e holofotes ofuscantes, de bandeiras berrantes em profusão, de ornamentos gigantescos e símbolos bárbaros e multicores, de música rítmica, da distribuição arquitetônica das massas uniformizadas, do cansaço causado por esperas prolongadas – com tal organização ele amorteceu o critério racional dos seus ouvintes (já de antemão "preparados" pela situação catastrófica do país). Quando, finalmente, chegou o momento de ele falar, a assistência se encontrava num estado de semiconsciência, de esquecimento, de embriaguez, entregue às sugestões, *slogans* condensados, teorias falsas e meias-verdades. Uma das armas terríveis de Hitler era a meia-verdade. Uma boa mentira tem um efeito quase comparado ao de uma meia-verdade… Todos os discursos de Hitler são iguais: eles são, realmente, um só discurso. A repetição constante alcança sucessos mágicos. O povo alemão sabia o discurso de Hitler de cor, e ouvi-lo tornou-se uma celebração, um rito religioso. Era como rezar o Padre-Nosso. Ninguém mais refletia sobre o conteúdo eterno do discurso. Tantas vezes repetidas, as meias-verdades fizeram-se verdades totais e indiscutíveis. Tornaram-se, por assim dizer, hábitos mentais. Toda a Alemanha transformou-se numa espécie de "Bar Mitológico", onde um povo superexcitado e delirante, ébrio de narcóticos mentais, entregava-se a um paganismo masoquista de poder, à orgia frenética dos autoesquecimentos da miséria e das supercompensações da glória, soltando as rédeas dos instintos escuros e das emoções pervertidas. Dificilmente encontrar-se-á, na história, um outro exemplo de transformação tão rápida e demoníaca de um povo. Qual é, então, o verdadeiro povo alemão? O povo dos "poetas e pensadores" que produziu Kant, Bach e Goethe, ou esse povo inconsciente produzido por Hitler? O "espírito alemão" contém todas as possibilidades, assim como o espírito de todos os povos contém também todas as possibilidades. Todos os "espíritos" de todos os povos contêm elementos legítimos e ilegítimos, e uma propaganda hábil pode, sob certas circunstâncias, valorizar os últimos de tal maneira que a balança se inclina em favor deles. Não há um espírito nacional fixo. O povo alemão pode ser reeducado (criando-se as condições necessárias), porém a reeducação, por ser um processo racional, é mais difícil do que a narcotização.

A propaganda através daqueles que a fazem ou mandam fazer em grande escala, geralmente não é feita a favor de ideias que se podem, facilmente, definir como justas ou injustas, boas ou más. Isso nem interessa aos propagandistas. Eles fazem propaganda, comumente, de qualquer ideia, seja ela divina ou diabólica, contanto que ela sirva provavelmente aos fins práticos do momento ou da classe. Não sei se Hitler estava convencido de que as ideias propagadas por ele serviriam para aumentar a "felicidade" do povo alemão. O certo, porém, é que aqueles que deram o dinheiro a ele para fazer propaganda estavam convencidos de que ela iria servir para fortalecer o poder de sua classe. Uma propaganda custa muito dinheiro. Quando alguém dá esse dinheiro, geralmente ele não quer melhorar o mundo ou propagar verdades matemáticas, mas sim aumentar os lucros. Se pudéssemos medir o ódio como se mede a temperatura, nós iríamos verificar que o ódio dos alemães contra os judeus estava na razão direta da soma de dinheiro empatada na propaganda para despertar esse ódio. Sob o ponto de vista de lucros e perdas o dinheiro foi malbaratado. O desastre foi que os negócios do ódio não podiam prever que, casualmente, o espírito divino, ou digamos, o "espírito legítimo", iria interferir por intermédio do dólar e da libra esterlina.

Se a propaganda pode ter efeitos tão marcantes, claro está que é preciso fazer uma propaganda racional contra o irracional. Hoje em dia, os povos são trabalhados pela propaganda de mil maneiras, através de: cinema, rádio, jornais, revistas, livros, cartazes. É difícil conservar a própria pessoa intacta. Trata-se da salvação da autonomia pessoal, da "liberdade do pensamento" contra a inundação de "Eus" fabricados em massa e em série, e jogados no mercado à cotação do dia. Rareiam, até, as pessoas cujos raciocínios, mesmo não obedecendo a um processo de autonomia lógica, nascem ao menos da própria vida afetiva. Na maioria das vezes, uma pessoa pensa, hoje, aquilo que é injetado nas suas veias em doses "condensadas" e "selecionadas". Ela não sente os seus próprios sentimentos espontaneamente, apesar de pensar que sinta espontaneamente. Ela adquire sentimentos adocicados e coloridos, engarrafados como limonadas sintéticas por intermédio do cinema e do rádio. Ela não quer aquilo que gostaria de querer, ou gosta daquilo que ela gostaria de gostar, dentro dos limites da moral. Ela quer aquilo que outros querem que ela queira, dentro ou fora dos limites da moral. Ela até mata – não por um impulso ou por achar que deve matar, mas por supor que outros, no seu lugar, provavelmente iriam matar. Muitas vezes, quando falamos com uma pessoa, temos a impressão de falar com um aparelho aerodinâmico que justamente acabou de sair da linha de produção, com peças espirituais e sentimentais estandardizadas que podem ser substituídas por qualquer peça sobressalente ou convenientemente adaptada. Algumas moças parecem, mesmo fisicamente, como se fossem mosaicos. Elas não são elas mesmas. Tem os cabelos de Veronica Lake, os olhos de Betty Davis, a voz de Carmem Miranda, o sorriso de Betty Grable, o andar de Ginger Rogers. Se são jovens, a única coisa que pertence a elas é a dentadura. Mais tarde, em consequência do uso da pior pasta de dentes que faz a melhor propaganda, até mesmo essa peça será substituída.

Tais fenômenos são uma demonstração daquilo que poderíamos chamar de "espírito ilegítimo dos indivíduos", o espírito que vive da imitação, da falsificação, da posse, da frase fácil, do esnobismo do sentimentalismo barato, da religião convencional, da moral do bom nome, da moda passageira, da mera forma social; o espírito que não tem raízes e que carece, em tudo, de autonomia. Nele, até o legítimo torna-se ilegítimo, a verdadeira mentira e a boa são uma força oca que repugna, como uma festa beneficente na qual se bebe generosamente champanhe a fim de custear o feijão para alguns pobres.

3

A propaganda ideológica e política de base irracional, além de trabalhar as pessoas individual e incessantemente, dirige-se ao povo quando trata de certos assuntos em foco, por intermédio do "microfone" ou dos "alto-falantes" da opinião pública. Não podemos entrar, aqui, numa análise deste fenômeno coletivo, em cuja intervenção tanto a verdade quanto a mentira aparecem enormemente aumentadas. O certo é que, onde já havia uma opinião pública com os meios para se formar e externar mais ou menos livremente, havia também, sempre, poderes, classes e indivíduos que se aproveitaram dela, deturpando-a e falsificando-a, para depois dizerem ao povo que esta se formou "espontaneamente". No fundo, a opinião pública emana dos indivíduos que constituem um povo, um grupo ou alguma comunidade, e os quais costumam ter um vago sentimento do "legítimo" (*vox populi, vox dei*). Porém, no seu percurso a opinião pública (uma expressão passageira do espírito objetivo, que é inconsciente) aceita com certa facilidade influências venenosas, camufladas como sérias, honestas e patrióticas, que a modificam gradativamente. Voltando, por assim dizer, aos indivíduos que concorreram para criá-la, a opinião pública, habilmente deformada, deforma também a opinião desses indivíduos.

Por todos esses motivos, todos os povos são, sob determinadas circunstâncias, expostos ao perigo de serem subjugados por uma campanha propagandística. Essa opinião não é despeito pelos povos. Eventualmente, a pessoa mais culta pode ser hipnotizada, ouvindo, depois de despertar, que o seu comportamento durante o sono hipnótico foi pouco decente. A propaganda maligna tornou-se um caso de medicina. É preciso descobrir uma vacina contra essa espécie de contágio. Que nós saibamos empregar o único meio que, hoje, possuímos para contrabalançar os efeitos da propaganda irracional: a educação das crianças nas escolas e a instrução dos adultos pela imprensa livre e por outros meios autônomos de informação e formação espiritual (propaganda racional), a ponto de os indivíduos adquirirem autonomia e liberdade relativas ao pensamento, ao critério e ao discernimento. Onde não há um povo instruído a "liberdade de pensamento" é uma frase sem sentido. A alfabetização, por si só, está longe de ser suficiente – por si mesma ela vale tanto quanto uma meia-verdade –, sendo pior do que a mentira. Os nazistas, fascistas e falangistas chegaram à conclusão de que seria melhor deixar de educar o povo. Escreve Maria de Maeztu, falangista: "Quanto mais o povo lê, menos sabe". Não é assim, não. O remédio não é educar menos, o remédio é educar mais. O futuro da democracia política e econômica depende de uma educação constante e tenaz. E a educação depende da democracia política e econômica.

Num concurso para a escolha do melhor trabalho sobre o tema: "Por que luto", realizado entre soldados americanos na África do Norte, saiu vencedor um sargento de nome Jack J. Zurofsky. Nesse trabalho premiado encontram-se estas belíssimas palavras: "Luto porque eduquei a minha mentalidade na escola da liberdade, aprendendo a refletir, a ponderar e a rejeitar, porque sei dar valor à liberdade do pensamento e odeio a obediência cega: tenho um cérebro que sabe digerir o alimento intelectual que recebe de uma imprensa livre; porque o cérebro que não raciocina torna o seu possuidor a mais servil das criaturas".

Até que os demais cidadãos das demais nações cheguem a tal altura espiritual, temos que nos consolar com a ideia de que a propaganda mal intencionada não para a marcha da história, contribuindo apenas para atrasá-la. Pois a história é o *forum* universal.

O Que Ninguém Deve Esquecer[14]

A humanidade tem memória de criança. Os homens esquecem logo. Particularmente coisas que acontecem à distância e que não impressionam diretamente os seus sentidos. Um desastre de automóvel, a morte apetitosa de uma estrela de cinema bem maquilada, que agoniza com decência e fecha antes do fim, cuidadosamente, a boca e os olhos, causam comoção muito mais profunda às testemunhas ou à assistência do que o massacre brutal de milhões de pessoas em continentes longínquos. Milhões morrendo longe, isto é por demais abstrato. Mas no caso concreto da pessoa atropelada, as testemunhas sentem asco e horror e, no segundo

14. JSP, 25 jan. 1946; *Folha da Manhã*, 29 jan. 1946; *Diário do Povo*, Campinas e *A Tarde*, 18 jan. 1946.

caso, a assistência chora de compaixão por uma criatura bonita que, ao passar do filme, se tornou sua amiga e cuja morte, observada de confortáveis poltronas, proporciona uma descarga sentimental de suma importância para o metabolismo delicado dos apreciadores.

É de vez em quando conveniente lembrar que na Europa morreram seis milhões de judeus. Não podemos negar que isto constitui só uma parcela da mortandade total. Porém, os outros lutaram ou imaginaram lutar por um ideal e com toda certeza lutaram por interesses de quem quer fosse, em alguns casos até pelos próprios. Os seis milhões de judeus, porém, morreram massacrados, eles deram suas vidas por ideal ou interesse nenhum, eles morreram sem armas e sem esperanças: morreram simplesmente massacrados. Cada um deles morreu de morte violenta ou anormal, como aquela pessoa atropelada. E cada um teve um romance, um destino, uma tragédia, uma alegria ou um sonho em sua vida, como aquela figura de cinema, e sentiu a aproximação inexorável da própria morte e a da dos entes queridos como o fim do mundo. David nunca mais ia encontrar sua namorada naquela esquina onde havia um relógio sempre atrasado. Rebeca nunca mais veria seu filho voltar da escola, esbaforido pela pressa de chegar à casa. Não haveria mais sorvete para Ruth, nem peixe com molho doce para Isaac. Nunca mais poderiam nadar nos rios, nem ler nas bibliotecas, nem ir ao teatro para depois tomarem chá com biscoitos. Nunca mais poderiam rezar nas sinagogas, balançando-se ao ritmo das ladainhas. E cada um deles morreu sozinho. Embora massacrados em massa, cada um morreu sozinho, no deserto dos campos de concentração gelados, na solidão das câmaras de gás apinhadas de moribundos, sozinhos cada um, mesmo caindo um em cima do outro ao matraquear das metralhadoras.

Um engenhoso repórter norte-americano teve a ideia de calcular que, concedendo sessenta quilos a cada judeu morto, o resultado da matança eram 360 milhões de quilos de carne e ossos humanos, tanto quanto se consegue abatendo animais, em treze dias, nos matadouros de Chicago.

Entretanto, o repórter não ousou calcular a desolação e o desespero das almas que habitavam estes 360 milhões de quilos de carne e ossos, pois não há pesos para pesar a dor e nem há desesperos que se possam aferir. O desespero de cada alma é incomensurável e havia seis milhões de desesperados incomensuráveis.

A morte de alguns dos piores carrascos e o castigo que sofrerão os líderes, que agora enfrentam a justiça em Nuremberg, não devem embalar a humanidade. Não há expiação para os crimes cometidos. A humanidade não deve sentir-se aliviada com a morte dos culpados e entregar-se a um doce esquecimento. Todos devem se lembrar de que *cada um é culpado e cúmplice dos criminosos* que agora estão sendo julgados. A terrível barbárie intelectual que dominava muitos alemães durante essa matança, e cuja essência é uma lógica extremamente primitiva, está profundamente arraigada em todos nós, mesmo os mais ou menos cultos. Esta lógica primitiva faz com que se julguem povos inteiros pelo comportamento de alguns indivíduos e que se condenem depois, indistintamente, outros indivíduos pelo fato de pertencerem a esses povos. Esta lógica primitiva faz com que se desprezem ou se odeiem indivíduos por sua descendência de certos grupos e raças, depois de se aceitar, cegamente, a opinião tradicional sobre tais grupos e raças, como se existisse a possibilidade de se opinar sobre grupos e raças inteiros. Uma coisa é matar um judeu simplesmente pelo fato de ser um judeu. E é naturalmente coisa diferente que não se deixe entrar num restaurante um hindu simplesmente pelo fato de ser hindu, ou então forçar um negro a sair de um ônibus por ser negro; ou ainda ridicularizar o inimigo japonês pelo fato de ser amarelo e ter olhos enviesados, embora o amigo chinês possua as mesmas características. Está perfeitamente claro que uma coisa é discriminar irracionalmente e matar; e outra coisa é discriminar irracionalmente e apenas ofender e machucar.

Porém também está perfeitamente claro que discriminar irracionalmente significa ódio e, consequentemente, gera ódio. O resto é só uma diferença de intensidade, quantidade e autodomínio, e estas variações dependem das condições gerais e das intenções daqueles que têm o poder e em cujas mãos se encontram os meios de propaganda.

O vício das generalizações e deduções apressadas está profundamente arraigado na humanidade. É tão confortável descansar na cadeira de preguiça das generalizações! É preciso compreender que, dentro de uma coletividade, cada indivíduo é único e diferente do outro; e que ao mesmo tempo os indivíduos são potencialmente semelhantes, qualquer que seja a coletividade a que pertencem.

O esquecimento rápido, a incapacidade de sentir o sofrimento distante, noticiado em números abstratos, e a generalização leviana, todos estes fenômenos, embora até um certo ponto necessários na economia psíquica, têm consequências funestas quando se tornam hábitos mecanizados. Verdades não deixam de ser verdades por serem velhas. É preciso repetir muitas vezes o truísmo de que cada homem assassinado é um universo irremediavelmente destruído. O hábito não deve sufocar totalmente a espontaneidade da emoção. É preciso renovar e livrar constantemente as fontes de dor, estagnadas no pó do costume, para que elas jorrem em face do sofrimento real. É preciso vivificar o asco físiológico e moral nas almas embrutecidas e forçar as almas covardes a verem o asqueroso sem maquilagem. Pois o nojo é, em pessoas humanamente decentes, a reação da vida pura contra a putrefação, seja ela fisiológica ou moral. E é preciso repetir mil vezes que o valor moral, a força criadora e a capacidade de ternura e amor não dependem da descendência racial ou nacional, é preciso repetir isto sem descanso contra os poderes camuflados que, com suma consciência, com estratégia friamente planejada, sem nunca esmorecerem, procuram confundir os espíritos para que não enxerguem o evidente.

As Estatísticas Não Sangram[15]

Ao estudar publicações sobre os campos de concentração na Alemanha nazista, verifica-se com certa vergonha que, aproximadamente 90% dos prisioneiros alemães não judeus eram operários. O fato é que, quase todos os homens que combateram o fascismo com o risco da própria vida eram proletários, ao passo que a maior parte dos cidadãos que pertenciam às "classes conservadoras" e à pequena burguesia, quando não liderou e financiou o nazismo ou se entregou apaixonadamente a ele, preferia conservar-se passiva e obedecer para salvar a pele. A amarga verdade é que os chamados democratas fracassaram deploravelmente naquele país. Na hora decisiva, colocaram-se, como bons burgueses, ao lado da reação, em vez de ajudarem a classe que, pela força de uma evolução inexorável, deverá tornar-se representante do progresso humano, como antigamente o foi a classe burguesa.

Este sentimento de vergonha acentua-se e se transforma em pavor quando se verifica, por meio de uma documentação minuciosa, que as potências ocidentais cometem agora erros terrivelmente iguais aos cometidos depois da I Guerra Mundial. Como naquela época, elas se empenham em fortalecer as "forças conservadoras", as mesmas que solaparam as bases da República de Weimar, e em desanimar, dividir e enfraquecer as filas dos verdadeiros antifascistas, que sofreram inenarráveis perseguições na sua luta em prol da causa aliada. Causa espanto e nojo verificar que, depois da vitória dos aliados, os antifascistas da Alemanha Ocidental estão sendo levados ao desalento e ao desespero, ao passo que os nazistas esfregam prazerosamente as mãos ainda tintas de sangue. É enorme o número de antifascistas que sofrem as maiores vexações e ofensas, enquanto nazistas proeminentes, reconhecidos abertamente como adeptos de Hitler, ocupam lugares de destaque, reiniciando, sob as vistas bene-

15. JSP, 11 ago. 1946.

volentes dos militares aliados, o seu trabalho de sapo. Um homem como Reinhold Wülle, antissemita e fascista da pior espécie, conhecido como um dos principais instigadores do assassinato de Walter Rathenau, Ministro da República de 1918, tem permissão de ser o chefe de um "Partido Cristão de Reconstrução". Hugenberg, que teve papel preponderante em todas as negociatas turvas que fizeram de Hitler o líder da Alemanha, colabora "amistosamente" com os aliados ocidentais. Numerosos nazistas são chefes de polícia por falta de antifascistas "tecnicamente adequados". Uma absurda tendência das potências ocidentais de depurar a administração alemã de "funcionários políticos", leva-as a colocarem em altas posições "indivíduos apolíticos", os tais "apolíticos" de sempre que contribuíram em grande escala para a desgraça da Alemanha e que, na primeira ocasião, se revelam nacionalistas ferozes.

A tragédia é que o número dos intelectuais que combateu o nazismo com decisão e coragem é relativamente pequeno, ao passo que o nazismo – devido à composição desse movimento, que teve seus financiadores e adeptos mais fanáticos nas classes econômica e socialmente mais favorecidas – contou com maior número de círculos "cultos" e "bem educados". É claro que as autoridades aliadas preferem ter relações com *gentlemen* bem vestidos e bem lavados, desprezando os antifascistas – proletários que nem sempre têm água corrente à disposição e cujas maneiras talvez sejam um pouco rudes. O resultado dessas preferências estéticas, as quais possivelmente possuem bases mais sólidas em Wall Street, pode ser funesto. Imponderáveis desta espécie podem estragar os frutos de uma vitória penosamente conquistada com o sangue de milhões de jovens que sonharam com um futuro decente. A história nos ensina que o vencido, às vezes, conquista o invasor e o corrompe pela sedução, pela manha e por qualquer coisa semelhante à *Gemütlichkeit* (aconchego). "Quem sabe se a nossa derrota não foi uma vitória?", escreveu um nazista em fins de 1945 em seu diário, recentemente publicado.

"Uma vitória espiritual em vez de material – a troca não seria de todo má!"

Num dos países vitoriosos, a França, grassa agora uma epidemia grã-fina que goza dos favores de uma larga propaganda na imprensa mundial: o chamado "existencialismo", que os derrotados venderam aos seus vencedores a preço de liquidação, uma verdadeira pechincha. Nenhum verdadeiro filósofo, na Alemanha, jamais levou a sério a *Existenz-philosophie* (filosofia da existência) de Heidegger, assim como tampouco a filosofia de Keyserling. O que nela há de bom é velho – conhecido desde Schelling, Kierkegaard, Nietzsche, W. James –, e o que nela há de novo não é bom. No entanto, espíritos sutis, escritores franceses como Sartre e Camus, seguem, sem corar, os passos de Heidegger, desse fascista que assinou espontaneamente homenagens a Hitler. Eis a Sexta Coluna, a infiltração de pseudofilosofias como espoletas de retardamento na inteligência de outros povos, de uma pseudofilosofia vesga que glorifica um misticismo confuso, uma intuição anticientífica, um nihilismo irracionalista, *up-to-date* na Alemanha de 25 anos atrás. Um irracionalismo cujo ídolo é o homem de Neandertal e que procura ridicularizar e aviltar o raciocínio calmo e prudente, a confiança na ciência e nas faculdades mentais evoluídas. É exatamente dessa confiança que a humanidade necessita. Misticismo infantil e confusão há de sobra sem esforço dos intelectuais. Andam dizendo que as ciências fracassaram e que nada ensinam sobre a existência, em nada contribuindo para a *Existenzerhellung* (iluminação da existência). Se fracassaram, é porque menos do que 1% da humanidade sabe raciocinar; e os políticos expoentes de ambições cegas não pertencem a este 1%.

"Nós, nazistas, atomizamos a sociedade", lemos no diário acima mencionado.

A bomba atômica atomizará o substrato dessa sociedade, a matéria [...] Ela é a nossa arma, a arma do crepúsculo dos deuses, a arma nacional socialista *par excellence* [...] A humanidade, suspensa numa posição dolorosa entre o Nada e o Algo, procurou desesperadamente o buraco para o Algo. E ela encontrou o buraco para o Nada. A bomba atômica é o buraco para o Nada.

Ao ler isto, temos a impressão de ouvir a linguagem arrevesada de Heidegger. "Das Nichts nichtet das Nichts": "O Nada *nadifica* o Nada". Eis a maneira como vencedores se submetem ao derrotado, assimilando aquilo que há de mais duvidoso no espírito deste. Se os aliados continuarem dessa maneira, eles então "nadificarão" não o Nada, mas "Algo" muito importante: a vitória que, sem falar dos milhões que pereceram nos campos de concentração, custou apenas isto: soldados mortos, 14,5 milhões; soldados mutilados e feridos, 29,65 milhões; civis mortos por bombas, 2,86 milhões; civis que sofreram os efeitos das bombas, 21,245 milhões; residências destruídas, 32,8 milhões; linhas férreas destruídas, cem mil km; pontes, viadutos, túneis destruídos, dez mil; locomotivas destruídas, dezesseis mil.

"As estatísticas não sangram", disse um sábio. Podemos acrescentar: "Nem sangra o ouro nas caixas fortes".

Indústrias Reunidas Rosenberg s/A[16]

Enquanto Rosenberg enfrenta o Tribunal de Nuremberg, funciona, infelizmente em plena liberdade, a sociedade anônima da qual ele foi apenas um modesto agente de publicidade, e continua tecendo nos seus teares, vendas e tapa-olhos com padrões mitológicos para confundir os povos.

Quem se dá ao trabalho de descrever os métodos e fantasias com os quais Rosenberg conseguiu embalar as faculdades racionais do seu povo, não trata de um caso liquidado, mas de fatos atualíssimos. A sociedade anônima continua trabalhando com eficiência: o que mudou são apenas os padrões que ela produz e as matérias primas que emprega. Rosenberg contou ao seu povo, no seu livro *O Mito*

16. JSP, 20 set. 1946.

do Século XX, que a evolução da história é efeito de uma luta entre as raças. Baseando-se neste axioma, estabelece ele que "todos os Estados do Ocidente e sua obra criadora foram produzidos pelos germanos". A "prova fundamental" da superioridade das raças "arianas" é a seguinte: depois de falar da larga difusão do mito solar, que encontrou eco em todos os povos da Antiguidade, afirma o acusado de Nuremberg que esse mito não teve origem nos diversos países ou se desenvolveu nos vários povos independentemente. Ao contrário, "ele nasceu lá onde o aparecimento do sol era uma experiência cósmica de intensidade máxima: no norte longínquo". Daí a conclusão de que, em tempos idos, de um centro nórdico "hordas guerreiras se irradiaram como primeiras testemunhas do anseio nórdico de horizontes distantes", levando consigo o mito solar e implantando-se entre os povos submetidos. A conclusão de que, não só o mito solar, mas também todos os fenômenos elevados da cultura foram transmitidos pelos imigrantes nórdicos aos indígenas, segue-se com lógica irresistível. É esta uma lógica nórdica, considerando-se que, de acordo com a teoria nazista, cada povo tem sua ciência, sua moral e sua lógica particulares, para uso doméstico. De acordo com isso, poder-se-ia argumentar, por meio de uma lógica tropical, que a experiência cósmica do aparecimento do sol é muito mais intensa nos trópicos e que, por exemplo, os índios da América do Sul adoravam o deus Guaraci. Poder-se-ia dizer, pois, que toda a cultura se irradiou do sul, alegando-se também que, por onde quer que os germanos tivessem aparecido, já encontraram culturas elevadas. Poder-se-ia demonstrar que, na Idade Média, uma das culturas mais elevadas era a dos árabes na Espanha, enquanto os povos mais puramente nórdicos, os da Escandinávia, ainda viviam em plena penumbra cultural.

Porém, é mais interessante ouvir o mito do filósofo ariano. Falando dos gregos, ele diz que Apolo foi chamado por Homero de "loiro" e Atena "a de olhos azuis", prova esta de que se trata de uma raça ariana, que criou os deuses à sua semelhança e que protegeu o "sangue loiro". Rosenberg esquece, porém, de citar o mesmo Homero quando chamava aos maiores deuses, a Zeus e Hera, de "os de cabelos escuros", e designava Poseidon, na *Ilíada* e na *Odisseia*, como "o de cachos pretos".

O conhecido antropólogo Dickson descobriu que os heroicos espartanos pertenceram à raça alpina, cuja qualidade principal, de acordo com Rosenberg, é a "covardia". Para Rosenberg, a Renascença é "uma nova e fulgurante revelação do sangue nórdico", embora para Gobineau, o pai da teoria racista, ela fora "a vitória dos poderes antiteutônicos". Pitágoras, consoante a opinião do acusado, é o profeta do mundo inferior afro-asiático. Mas justamente este Pitágoras tornou-se, com a sua teoria dos algarismos, um dos primeiros fundadores da ciência que no entanto, de acordo com Rosenberg, é um "acontecimento nórdico".

Poder-se-ia continuar na enumeração de semelhantes absurdos por muitas colunas. Poder-se-ia indicar que o próprio Max Mueller, linguista de valor, que primeiramente usou o termo "ariano" (que em si designa um grupo de línguas indianas) no sentido etnológico, abjurou a sua teoria, escrevendo em 1888: "Para mim, um etnólogo que fala de raça ariana, sangue ariano, olhos e cabelos arianos, é um pecador tão grande como um linguista que fala de um dicionário dolicocéfalo ou de uma gramática braquicéfala". Poder-se-ia mostrar que a antropologia científica evita cuidadosamente estabelecer diferenças de valor entre as raças, que ela não conhece, e que, de um modo geral, um povo é em muito maior escala resultado das condições geográficas, econômicas e histórico-culturais do que da sua descendência biológica. Poder-se-ia demonstrar até que a própria raça é um produto de muitas condições, como por exemplo alimentação, clima, posição geográfica (litoral ou continental) etc.

Muito mais importante do que isso, no entanto, é verificar a intenção, a tendência escondida sob as palavras grandiloquentes por trás do mito colorido que contribuiu para confundir a mente do povo alemão. Vejamos bem o que Rosenberg diz. Falando da Roma antiga, ele descreve a decadência da democracia romana. Nos meados do século V a.C. (assim ele se exprime), "foi dado o primeiro passo para o caos, permitindo-se o matrimônio entre patrícios e plebeus, apesar de serem os primeiros de raça nórdica e estes de raça inferior". "O resultado desta 'bastardização' foi o proletariado".

Estas frases contêm toda a essência da teoria racista do nazismo. Examinemos um período que Hitler pronunciou, num discurso proferido no "Dia do Partido Nazista", em Nuremberg, em 1933: "A igualdade é o maior empecilho de toda ordem social, pois entre iguais não há subordinação. Os dois conceitos, 'mandar' e 'obedecer', no entanto, adquirem um sentido exato no momento em que homens de valor diferente se encontram. A raça superior triunfa sobre uma raça inferior e estabelece, então, uma relação que liga raças de valores desiguais".

O único meio que, de acordo com o nazismo, existe para provar qual é a raça superior é o poder, a força, o domínio. O povo que domina é de raça superior. Ou, falando em termos de "política interna": uma vez dominado o povo de raça inferior, torna-se este a classe inferior, o proletariado, que trabalha para os senhores de raça superior. A teoria racial do nazismo não é outra coisa que a justificação da classe dominante (neste caso, as classes semifeudais e indústrias da Prússia) pela mitologia, dando a ela uma "boa consciência". Ao mesmo tempo, para fins de "política exterior", aguça ela o chauvinismo das massas que, em casos de emergência, repentinamente são consideradas "superiores", proporcionando-se-lhes magnanimamente o privilégio de morrerem em guerras contra povos "inferiores".

De um modo geral, assenta-se a teoria racial, longe de ser apenas expressão do nazifascismo, na base de um capitalismo degenerado que se esqueceu das suas raízes liberais. Assim, não é de se admirar que este mesmo capitalismo degenerado houvesse financiado Hitler.

Alfred Rosenberg, ao enfrentar nestes dias o Tribunal de Nuremberg, não será apenas o indivíduo malfadado que tentou sistematizar a teoria racista do nazismo. Ele será, ao mesmo tempo, um dos expoentes mais insignificantes de uma concepção criminosa que, mal derrotado o povo que a esposou, já começa de novo a vicejar em todos os cantos do mundo. Já começa de novo a trabalhar a sociedade anônima, fiação e tecelagem de mentiras e mitologias – tanto mais segura, tanto melhor camuflada enquanto um dos seus agentes de publicidade servir de bode expiatório perante o Tribunal de Nuremberg. Já se começa de novo a falar, embora evitando cuidadosamente a palavra "raça", de grupos, senão do mesmo "sangue", ao menos da mesma língua, de povos representantes de uma "índole superior", de "bárbaros asiáticos" e de outras abstrações confusas do mesmo jaez. Ao passo que os alemães tiveram pelo menos a sinceridade de, ao propagarem a diversidade essencial das raças, negarem consequentemente o cristianismo, assistimos hoje a um espetáculo muito mais triste: políticos que se proclamam cinicamente representantes do cristianismo, representantes pois de uma religião cuja ideia essencial é o Deus único, pai de uma humanidade una, universalmente irmanada, são, ao mesmo tempo, aparentemente os mais ferozes racistas e chauvinistas, possuídos aparentemente por um espírito tribal que seria generoso chamar de pagão.

Dizemos aparentemente, pois todo esse furor, toda essa confusão de cristianismo, chauvinismo, racismo, raramente existe na cabeça daqueles que tanto gritam: estes, em geral, possuem espíritos suficientemente claros para entender que a confusão e o caos produzem o clima adequado para manter um estado de coisas que eles chamam de "ordem". Deus, Pátria, Família, o lema inscrito na bandeira de toda restauração e reação desde Metternich a Franco, Petain e Salazar, são valores por demais altos para servirem de matéria-prima às Indústrias Reunidas Rosenberg s/a.

Os Alemães Não Se Arrependeram[17]

Há quase três anos, pouco tempo depois da ocupação de Berlim pelas tropas aliadas, visitou um amigo meu, jornalista, aquela capital, escrevendo sobre as suas impressões uma série de artigos, alguns dos quais apareceram também na imprensa brasileira. Numa carta particular, descreveu-me os seus passeios pela imensa cidade semidestruída, observando que, ao caminhar pelas ruas de certos bairros elegantes, às vezes tinha a sensação de que se encontrava numa cidade pacífica afastada dos campos de batalha. Ruas e ruas sem um sinal deixado pela guerra. Ao aproximar-se, porém do centro do coração da cidade e do país, aumentavam paulatinamente as ruínas e os destroços. No centro a devastação era total.

Tenho a mesma impressão no que se refere à população desta cidade e deste país. De fora, do lado exterior, os alemães parecem normais, saudáveis, limpos e pacíficos [Naquela ocasião, a situação alimentícia dos alemães era a melhor da Europa.] Suponho, porém, que no íntimo, no centro moral, no coração dessa gente a devastação é total.

Quanto às cidades alemãs, está começando, atualmente, a reconstrução. Planejam-se grandes coisas. Ouvimos de uma cidade, de Mogúncia, que há um plano urbanístico de proporções gigantescas, destinado a fazer dela a cidade mais moderna do mundo, com ruas em vários níveis, para pedestres e automóveis, com arranha-céus formando núcleos autossuficientes, calculando-se a extensão da sombra a fim de que nenhuma escureça os prédios vizinhos, com apartamentos deslumbrantes, altamente sofisticados, cheios de invenções mágicas que aumentam o espaço disponível sem ocupar espaço real. Tal empreendimento é facilitado pelo fato de não haver sobrado muita coisa depois dos bombardeios. Para construir uma cidade moderna, nada

17. JSP, 16 dez. 1947.

melhor do que uma bomba atômica bem no alvo. Tudo isso é extremamente prometedor. E os habitantes? Estão sendo reconstruídos também? De acordo com tudo que se ouve e lê, continuam as ruínas no centro moral do povo alemão. Ninguém se esforça em removê-las. Mais dias, menos dias, e a fachada terá sido refeita, tudo brilhará como antigamente. Mas no coração dessa gente a devastação continuará tão completa como antes.

Os alemães não se arrependeram do que fizeram. Somos contrários a julgar, condenar ou discriminar coletivamente, a generalizar e a não reconhecer que deve ter havido exceções. Procuramos demonstrar, em vários artigos, que em condições semelhantes outros povos teriam agido de modo parecido; que há uma fatalidade histórica, econômica e social que criou, na Alemanha, as condições psicológicas propícias, o campo adequado do qual o nazismo, impulsionado pelo dinheiro dos grandes trustes, podia levantar o seu vôo sinistro. Todavia, grande parte do povo alemão não se arrependeu. (Falamos apenas da zona ocidental, pois da zona russa pouco se sabe). Parece que muitos alemães nem chegaram a ter plena consciência da tremenda barbárie a que se entregaram. Ao contrário: a atitude de muitos parece ser aquela de uma moça ofendida e amuada. A reeducação... Ora a reeducação! A desnazificação... Ora a desnazificação! Pode-se, ao contrário, falar da nazificação das tropas de ocupação.

Sabe-se que o povo alemão, ao se entregar à fúria nazista, ao apoiar o novo regime, ao aceitá-lo ou ao submeter-se simplesmente a ele, fazia-o porque sucumbira, desesperado, a uma terrível crise econômica e porque estava cansado da democracia e do "palavreado infecundo" no parlamento. "Experimentemos esse tal de Hitler", costumavam dizer os mornos. "Se ele não servir, mandamo-lo embora". Poucos imaginavam que um ditador, uma vez no poder, não se deixa, assim sem mais nada, "mandar embora", e que é preferível um parlamento em que às vezes ocorrem discussões infecundas, é verdade, mas o qual pode ser mandado às favas nas eleições seguintes. Compreende-se o erro do povo alemão, pois hoje vemos povos politicamente mais maduros dispostos a ceder sua liberdade a um chefe todo poderoso. No entanto, a compreensão falha ante os excessos hediondos, ante as fábricas de sabonete humano. Trata-se, nesses casos, de um terremoto, de um verdadeiro desmoronamento moral de tamanhas proporções que a mente humana, desalentada, desiste de concebê-lo e compreendê-lo. Entretanto, embora não se possa compreender tais ações, é possível "explicá-las cientificamente" como fenômenos da patologia coletiva. Seja como for, compreendendo tudo isso, ou explicando-o ("compreendem-se" processos psíquicos, humanos; "explicam-se" processos físicos, como o cair de uma pedra), trata-se de qualquer maneira de coisas passadas; não se pode, em política, viver no passado. Tudo isso não se pode perdoar; não se pode esquecê-lo. Confiando, porém, nos numerosos elementos bons entre os alemães, pode-se esperar que o futuro seja diferente, que esses elementos futuramente se imponham. Procura-se estabelecer um novo *modus vivendi* com esse povo, dá-se um novo crédito de esperança a ele, apesar de tudo. Será possível que esse povo, redimido pelo sofrimento e reconhecendo seus pecados, vai abrir uma nova página de sua história? Será que ele saiu purificado das terríveis experiências dos últimos anos? Será que ele vai confessar a sua culpa, vai dar ouvidos aos bons elementos e seguir os verdadeiros ensinamentos da sua grande cultura? Nada disso, porém, parece ter acontecido. O povo alemão não se arrependeu.

Há mil fatos que comprovam a nossa afirmação – particularmente no que se refere ao antissemitismo, à atitude frequentemente violenta contra os poucos judeus que sobraram da hecatombe. (De um total de 6.095.000 judeus na Europa Central e Oriental, vivem agora, naquele território, apenas 1.027.500; cerca de 400 mil judeus alemães e austríacos escaparam através da imigração; dos 550 mil judeus que restaram em liberdade, naquele país, 225 mil judeus vivem "concentrados" em "campos" na Alemanha e na Áustria, porém esses judeus provêm principalmente da Polônia, na qual de 3,3 milhão israelitas sobram 100 a 120 mil, e da Tchecoslováquia, na qual de 350 mil judeus restaram 45 a 60 mil). Típica é a reação de certos alemães ao receberem remessas de víveres de judeus alemães emigrados – pois, por incrível que pareça, há judeus que pensam nos seus amigos "arianos", alguns deles por terem sido salvos pelos destinatários. Sabe-se que vários desses judeus receberam, em resposta, cartas em que os presenteados pediram que deixassem de remeter tais volumes pois, embora famintos, não desejavam receber presentes de judeus. Isso não deixa de ser uma atitude orgulhosa, expressão talvez de um profundo pudor. Outros, porém, agradecendo efusivamente, pediram aos remetentes que continuassem a enviar-lhes tais víveres, deixando de indicar, contudo, o nome do remetente, principalmente quando reconhecível como nome judeu. Esse estranho comportamento é sintomático devido ao clima antissemita que ainda – ou de novo – predomina na Alemanha, visto que os destinatários, obviamente, receiam represálias.

O presidente do Partido Social-Democrata da zona ocidental, Kurt Schumacher, declarou, durante a sua recente estada na América do Norte:

> As "chances" do antissemitismo crescem em proporção à diminuição da fé na democracia. Não posso afirmar que os alemães, atualmente, já condenem a democracia de novo. Muitos, porém, perguntam: "O que é isso, a democracia?" O que costumam ouvir a respeito dela é descolorido e lembra pregações de missionários.

Aparentemente, o sr. Schumacher deseja que se explique a democracia aos alemães por meio de quadrinhos coloridos, à moda das revistas infantis. Pelo menos tiveram oportunidade, através dos seus super-homens de aço, de aprender aquilo que não é democracia. De acordo com Schumacher, existem hoje, na Alemanha, três agrupamentos de neoantissemitas: os fanáticos que, de novo, batem na tecla nazista; o grande exército dos aproveitadores que enriqueceram, direta ou indiretamente, em consequência da desapropriação ou do assassinato dos judeus e que receiam ter de entregar a sua presa aos legítimos donos que sobreviveram; e, finalmente, aqueles que vivem perto dos campos dos DP[18], onde os judeus recebem uma ração alimentar mais alta. Esses judeus, obcecados por um tremendo ódio contra o povo que tudo lhes roubou, naturalmente provocam, por sua vez, o ódio e o ressentimento dos culpados, cuja ração alimentar é mais baixa.

De outro lado, lemos a curiosa notícia de que os numerosos assassinatos de judeus, atualmente, não partem de grupos nazistas subterrâneos, mas precisamente de alemães livres de qualquer ligação com o nazismo e de passado inteiramente limpo. Tais indivíduos agiriam "sob a pressão de um afeto antissemita elementar". Justamente os antigos nazistas se distinguiriam por um comportamento servil e humilde. O articulista em questão, muito bem informado, afirma que os movimentos subterrâneos na Alemanha, evitando qualquer ação aberta contra os judeus, procuram, não obstante, criar conflitos entre estes e o exército de ocupação. (Isso não exclui que se leia, num folheto distribuído na Baviera pelos nazistas clandestinos, frases como estas: "O nosso país tornou-se o campo de ação de judeus, negros e de bandidos poloneses... As ordens dos tiranos aliados são a nossa infelicidade e a nossa ruína... Sabotai as ordens do exército de ocupação").

Há uma novela de Franz Werfel com o título: *A Culpa é da Vítima, não do Assassino*. É essa a opinião de muitos alemães de "passado limpo". "Não podendo encontrar argumentos de defesa para os assassinos, procuram defendê-los atacando, ofendendo e difamando as vítimas". Trata-se de um profundo complexo de culpa que se apoderou, precisamente, de muitos antinazistas, os quais, pelo simples expediente de culpar a vítima, procuram justificar o povo do qual fazem parte, silenciando assim a voz da consciência.

Se nos ocupamos tão largamente com o problema do antissemitismo – e poderíamos aduzir exemplos de profa-

---

18. *Displaced persons* designa os imigrantes forçados, pessoas que são obrigadas a deixar o país de origem.

nação de cemitérios israelitas e outros casos –, fazemo-lo por se tratar do sintoma de uma grave doença social. Não é preciso mencionar os múltiplos casos em que alemães, identificando-se com os carrascos nazistas, protestam contra sua condenação pelos tribunais. O antissemitismo, por si só, é suficiente para provar que a devastação, no coração do povo alemão, continua – devastação muito mais terrível do que a de Alexanderplatz ou da avenida Unter den Linden. Estas serão reconstruídas, e acreditamos que o gênio alemão as reconstruirá de modo exemplar, de acordo com excelentes planos urbanísticos. No entanto, tudo isso de nada adiantará enquanto o centro moral continuar devastado, corrompido por uma doença cujo nome não conhecemos e cujo segredo em vão procuramos sondar. Não culpemos, porém, somente a Alemanha. Hoje em dia, o mundo é um organismo único, por mais que queiram negá-lo. A doença escolheu aquele país por encontrar a sua resistência combalida e suficientemente fraca para poder irromper com toda virulência, arrebentando os delicados tecidos da razão e supurando de chagas nauseabundas. Combateu-se a irrupção localmente, tapando o pus com milhões de cadáveres. Mas os próprios médicos estão contaminados. A doença não é local: ela é universal.

Os Judeus e a Alemanha[19]

Breve Histórico de um Momentoso Problema:
As Respercussões da Declaração de Adenauer

Noticia-se que representantes das maiores organizações judaicas do mundo, convocadas pela Agência Judaica, reunir-se-ão nos dias 25 e 26 de outubro em Nova York a fim de discutirem a atitude judaica a ser tomada em face da Alemanha, particularmente após a recente oferta de Adenauer, no sentido de debater com "representantes de Israel

19. CI, 17 out. 1951.

e do povo judaico" todas as reivindicações e reparações judaicas decorrentes do período nazista.

Estarão presentes na importante reunião delegações de ao menos sete países, incluindo-se os Estados Unidos, Canadá, África do Sul, França, Austrália, Grã-Bretanha e Argentina, bem como representantes de Israel, Estado que recentemente apresentou às Forças de Ocupação uma reivindicação de 1,5 bilhão de dólares contra a Alemanha, baseada nos gastos que Israel teve ao receber mais de 500 mil vítimas sobreviventes do terror nazista.

Ao anunciar a conferência, o dr. Nahum Goldmann, copresidente da Agência Judaica, que patrocinará o *meeting*, declarou:

A declaração de Adenauer perante o parlamento da Alemanha Ocidental, e a pronta aprovação pelo parlamento, abre a porta para sérias considerações por parte do povo germânico no tocante à dívida material e moral relativa a Israel e aos judeus do mundo. À luz dessa declaração, é de importância vital que representantes do governo de Israel e de todas as organizações judaicas interessadas tenham oportunidade para se reunirem a fim de analisar todo o problema da restituição, elaborando um programa concreto e unificado.

Prosseguiu dizendo que a discussão abordaria particularmente as reparações devidas a Israel, bem como a restituição exigida pelo povo judaico como indenização pelas propriedades que ficaram sem herdeiros.

Em face da enorme repercussão da declaração de Adenauer, feita em 27 de setembro perante o parlamento da Alemanha Ocidental e aprovada pela esmagadora maioria dos deputados, é de interesse salientar os pontos essenciais do discurso, que aliás teve a aprovação prévia do gabinete de Adenauer.

O Que Disse Adenauer

O primeiro-ministro Adenauer disse inicialmente que a opinião pública mundial exprime certas dúvidas no que se refere à atitude da república alemã em face dos judeus. Todavia, o povo germânico reconhece, através da sua constituição, os direitos humanos inalienáveis e a igualdade de todos perante a lei, como base da paz e da justiça, condenando a discriminação por motivos de raça, origem, religião ou convicção política. Tais normas, todavia, só podem ser efetivas se o espírito nelas manifestado se tornar propriedade comum do povo inteiro, alvo cuja consecução é, antes de tudo, um problema de educação (principalmente da juventude), dependendo em alto grau da colaboração eficiente das instituições religiosas e escolares.

Ao mesmo tempo, prosseguiu o primeiro-ministro, o governo resolveu combater impiedosamente todos os círculos ainda dedicados à propaganda antissemita. O governo federal e a vasta maioria do povo germânico, continuou, tem plena consciência dos incomensuráveis sofrimentos causados aos judeus na Alemanha e nas zonas ocupadas pelo exército alemão durante o período nazista. Na sua maioria esmagadora, assim asseverou o primeiro-ministro, o povo germânico sente horror pelos crimes cometidos contra os judeus, não tendo participado dos mesmos.

Em nome do povo germânico, aduziu, foram cometidos crimes indizíveis que impõem o dever de reparações materiais e morais, tanto no que tange às perdas individuais sofridas pelos judeus, como no tocante às perdas de propriedades judaicas, cujos donos já não vivem. Já foram dados os primeiros passos, mas muito resta a fazer. O governo se esforçará para que a legislação concernente à retribuição entre em vigor o mais brevemente possível. Em seguida, exprimiu a boa vontade de encontrar uma solução para o problema da restituição material de comum acordo com os representantes do povo judaico e do Estado de Israel, que recebeu tantos refugiados judeus sem lar.

As palavras do primeiro-ministro foram apoiadas por Paul Loeb, porta-voz do Partido Social-Democrático, ao declarar que a Alemanha tem a obrigação de procurar, com todas as forças, chegar à reconciliação com o Estado de

Israel e com os judeus do mundo. Cabe aos alemães, disse, empreender o primeiro passo. Portanto, o Partido Social--Democrático apoiará de pleno coração a ação do governo federal. Teria sido desejável, concluiu, que a mesma tivesse sido iniciada mais cedo e com maior determinação.

Vozes Judaicas

A importante manifestação do chefe do governo da Alemanha Ocidental, sobre um dos problemas morais, políticos e econômicos mais dolorosos do nosso tempo, despertou o máximo interesse nos círculos judaicos do mundo. O dr. Nahum Goldmann declarou, imediatamente após a oração de Adenauer, que ela indica, pela primeira vez, que chefes alemães responsáveis estão conscientes de que o povo germânico, como um todo, não pode escapar à responsabilidade pelos crimes indizíveis cometidos pelos nazistas contra o judaísmo. Qualquer ato das autoridades germânicas, no sentido de combater o antissemitismo crescente na Alemanha, continuou o copresidente da Agência Judaica, deve ser considerado como correspondendo às exigências de uma sociedade que deseja aderir ao código reconhecido de humanidade e aos princípios das Nações Unidas.

Embora não possa haver expiação pelos mortos, prosseguiu, é possível, ao menos até certo ponto, uma retribuição àqueles que sobreviveram. Somente quando os propósitos concretos do governo da Alemanha Ocidental tiverem sido divulgados, a opinião pública judaica poderá julgar a importância da declaração de Adenauer. Nenhum arranjo poderá ser considerado aceitável, continuou, que não satisfaça tanto as reivindicações dos indivíduos judeus e do povo judaico, como as exigências detalhadas e específicas apresentadas pelo governo de Israel, as quais já contam com o apoio moral das potências ocidentais e das organizações judaicas do mundo. Adenauer abriu o caminho para a única restituição que ainda pode ser feita. "Como tal, a declaração tem de ser aceita com satisfação. É um passo inicial que tem de ser seguido por propostas concretas apresentadas pelas autoridades de Bonn".

Também o American Jewish Committee externou ideias semelhantes ao mudar "este passo significativo" de aceitação "das responsabilidades morais e legais decorrentes dos crimes sem precedência cometidos pelo Terceiro Reich contra os judeus europeus". De modo semelhante, o Congresso Judaico Mundial salientou "que o povo judaico julgará a seriedade destas propostas de acordo com os passos práticos que serão tomados para executá-las".

O Ministro do Exterior de Israel

Moshe Sharett, ministro de Israel, informado durante a sua estada em Nova York das propostas de Adenauer, disse que o governo de Israel tirará as suas conclusões segundo o modo pelo qual o governo de Bonn transformar em realidade a sua declaração, prosseguiu dizendo que nada do que os representantes alemães possam dizer agora para expiar, ou fazer para reparar os males causados aos judeus, poderá apagar os horrores dos anais da humanidade ou curar os ferimentos inflingidos por eles ao povo judaico. Contudo, o governo de Israel considera significativo o fato de que o governo e o parlamento da Alemanha Ocidental tenham dirigido um apelo ao povo germânico no sentido de se livrar da execrável herança de antissemitismo e discriminação racial, tendo anunciado a sua disposição de iniciar negociações com os representantes do povo judaico e com o Estado de Israel, com o intuito de satisfazer as reivindicações relativas à indenização coletiva pelas perdas sofridas pelos judeus da Europa durante o regime nazista.

Eric Lüth Inicia a Campanha

Em face da declaração de Adenauer, levanta-se o problema no sentido de se as ideias expressas pelo primeiro-ministro da Alemanha Ocidental encontram apoio e repercussão favorável entre as massas do povo; a questão, enfim, de saber se o chefe do governo representa nesse caso, realmente, o povo e se fez porta-voz da opinião pública do país. Vale mencionar, neste nexo, a campanha iniciada por Eric Lüth, alto funcionário em Hamburgo, em favor da "Paz com Israel". Lüth deseja que a Alemanha empreenda o primeiro passo para estabelecer relações pacíficas com o Estado de Israel, reconhecendo, ao mesmo tempo, a responsabilidade dos crimes cometidos. O prof. Theodor Heuss, presidente da República Federal da Alemanha, exprimiu publicamente a sua aprovação da campanha. E Edgar Engelhard, presidente do Partido Democrático Livre de Hamburgo, apoia, com a sua organização, as intenções de Lüth, homem sem dúvida de boa fé que já mostrou a sua boa vontade no combate a Veit Harlan, o infame produtor do filme antissemita *O Judeu Süss*. E, sem dúvida alguma, há inúmeras personalidades alemãs que, honrando o passado cultural do país, encontram palavras de profunda amizade para os judeus. Prova disso é a carta do dr. Hermann Mass que esse eminente alemão dirigiu por ocasião do *Rosch Haschaná* aos judeus e aos leitores da *Crônica*.

É Esta a Opinião Real do Povo Alemão?

Mas – pergunta o *Jewish Chronicle* de Londres – representam esses homens, realmente, a maioria dos seus concidadãos? Notícias recentes mostram com clareza que há amplos círculos, constantemente crescentes, que se opõem a opiniões e atitudes semelhantes. Há, por exemplo, o Partido Socialista do Reich, de Renner, partido obviamente nazista, que ultimamente obteve grandes êxitos eleitorais. Há outros grupos, menos violentos na linguagem, mas talvez mais perigosos na prática. Os ex-soldados de Hitler reúnem-se em grupos políticos, liderados pelos generais de Hitler, publicando os seus jornais: o *Stahlhelm* está sendo reorganizado. A ala direita da própria coligação de Adenauer (Deutsche Partei) combate a campanha de Lüth. "A amizade com os árabes", afirma este partido, "é mais importante do que a paz com Israel". E o *Fortschritt*, semanário nazista de Munique, escreve que o povo alemão está "anotando com carinho, para a época do 'renascimento', os nomes dos alemães que procuram a amizade dos judeus", declarando ao mesmo tempo que os ideais do regime nazista continuam vivos nos corações de dezenas de milhares de alemães fanaticamente leais a Hitler.

E mesmo alemães de boa vontade reconhecem e proclamam a sua profunda confusão diante dos problemas morais, jurídicos e políticos que decorrem do massacre de seis milhões de judeus. Expressão dessa perturbação é um artigo publicado no periódico de alto nível intelectual, *Die Gegenwart*, no qual o publicista R. H., num artigo intitulado "Antigermanismo?", entre outras coisas discute a viabilidade das reivindicações do Estado de Israel, perguntando: foi o Estado de Israel quem esteve em guerra com a Alemanha? Os seis milhões de judeus massacrados eram israelitas? A política de Israel não respira o espírito de vingança do *Velho Testamento*, daquele "Olho por olho, dente por dente"? Não colocam os israelitas, no lugar do antissemitismo dos alemães, um antigermanismo dos judeus?

E a confusão chega ao auge quando se vê que, um dos maiores filósofos alemães, Karl Jaspers, reconhece a "culpa coletiva" do povo alemão, ao passo que um filósofo e teólogo como Schöps nega que se possa falar de culpa coletiva.

Como se lê no *The Jewish Chronicle* de Londres, o fato é que todo amante da paz deverá esperar que, desta vez, os homens representados pelo prof. Heuss e por Eric Lüth vençam a luta, visto que a Alemanha está se tornando, de novo, uma força na política mundial, não importando o que os judeus digam ou pensem. A Alemanha será logo, novamente, um país soberano e terá, outra vez, um grande exército. É importantíssimo que essa Alemanha possa ser impregnada de verdadeiro espírito europeu, integrando-se plenamente no mundo democrático. A presente declaração de Adenauer, a aceitação da responsabilidade pelos tremendos crimes cometidos, podem contribuir para que se estabeleça a paz entre a Alemanha e Israel, embora não subentenda uma relação de amizade.

O Resultado de uma Política Realista[20]

Após longas negociações, passo a passo acompanhadas pela *Crônica Israelita*, negociações cheias de peripécias, interrupções e uma árdua guerrilha em torno das posições, venceram-se finalmente todos os obstáculos que dificultavam uma solução satisfatória das conversações em Haia. No dia 9 de setembro, à noite, foi assinado em Luxemburgo o acordo de reparações entre a Alemanha e Israel, em breve cerimônia preliminar à assinatura solene do dia seguinte. Assinaram o acordo, na presença dos demais delegados da Alemanha e de Israel, o professor Böhm, em nome do governo da Alemanha Ocidental, e o sr. Josephthal, em nome de Israel.

Falando em Haia, o sr. Josephthal declarou que

como todos os acordos, este também é um compromisso. Obtivemos menos do que esperávamos. Demoraremos mais a receber. Mas, para Israel é uma fórmula aceitável e o acordo aqui concluído será de grande auxílio para a construção do nosso país. Muitos milhares de vítimas do nazismo receberão uma compensação pelos prejuízos materiais sofridos e uma indenização pela privação da liberdade nos campos de concentração e de trabalho escravo. Muitos velhos terão prioridade para receber esses benefícios. Quero salientar que o professor Böhm foi um combatente da causa da justiça e sem ele e seus colegas dificilmente teríamos concluído as negociações com êxito.

Também o professor Böhm deu uma declaração dizendo, entre outras coisas:

O governo alemão empenhou a sua palavra de que cumpriria uma difícil tarefa e deu provas ao mundo de que está ansioso para reparar o mal feito. Como alemão, faz bem ao meu coração que este acordo tenha sido concluído e sou grato ao destino por me ter feito participar das negociações.

20. CI, 17 set. 1952.

De Nova York noticia-se que o sr. Abba Eban, em nome do Estado de Israel, assinou na quarta-feira, dia 10 de setembro, com a Conferência de Reparações Materiais Judaicas, os acordos referentes ao pagamento, pela Alemanha Ocidental, da importância de 107 milhões de dólares para saldar a soma reclamada pela Conferência, como reparação, nas negociações de Haia.

Como se sabe, foi resolvido que a Alemanha pagaria a importância total, resultante dos acordos com Israel e com a Conferência dos Judeus do Mundo, ao Estado judeu, o qual, por sua vez, ficaria encarregado de combinar com a Conferência os pormenores do pagamento da soma que cabe a esta última.

* * *

A Assinatura em Luxemburgo

Segundo o acordo de Luxemburgo, que aliás, numa segunda reunião solene, foi assinado pelo próprio chanceler Konrad Adenauer e por Moshe Sharett, ministro dos negócios externos de Israel, a Alemanha pagará a importância total de 822 milhões de dólares em reparações durante um período de doze anos. Em seguida a essa assinatura, Adenauer e Nahum Goldmann, em nome da Conferência Judaica, assinaram os documentos referentes ao acordo sobre 107 milhões de dólares, acrescentados aos 715 milhões que cabem a Israel. Depois de concluídas as formalidades, o chanceler Adenauer e o sr. Moshe Sharett retiraram-se para a antessala, onde conversaram reservadamente durante dez minutos. Ignora-se a natureza dessa palestra.

Todos os pagamentos serão feitos em mercadorias, iniciando-se os mesmos depois da ratificação dos acordos pelos dois países. O tratado especifica que 200 milhões de marcos serão pagos até 31 de março de 1953, e outros 200 milhões durante o ano financeiro de 1953/1954. A partir de 1º de abril de 1954, as prestações anuais serão aumentadas para 310 milhões de marcos.

A compra de mercadorias e a provisão dos serviços caberá exclusivamente à missão de Israel que será enviada à Alemanha pelo governo israelense. A missão terá estatuto diplomático. Uma cláusula do tratado de reparações declara que a sua execução será ajustada às alterações econômicas e financeiras que possam ocorrer durante a sua vigência. Uma comissão mista governamental israelense-alemã fiscalizará a execução do acordo. As divergências que possam surgir a respeito da interpretação ou aplicação do convênio serão submetidas a uma comissão de arbitragem.

O dr. Georg Josephthal declarou que o Parlamento de Israel não discutirá a ratificação do tratado até que o Parlamento de Bonn o tenha ratificado.

Noticia-se de Nova York que o sr. Moses Leavitt, vice-presidente do Joint, declarou que todos devem estar satisfeitos com os resultados das negociações de Haia, advertindo contudo que o acordo ainda não foi ratificado pelo Parlamento de Bonn. Acrescentou que, pelo acordo, a Alemanha se comprometeu a criar a maquinaria para atender os pedidos individuais de indenização pelos prejuízos sofridos em consequência da Alemanha Ocidental.

O sr. Eban, embaixador de Israel nos Estados Unidos, que assinou o acordo com a Conferência Judaica, declarou que o convênio com a Alemanha constitui uma vitória moral e que, sem o apoio das potências de ocupação, o acordo não teria sido conseguido. Salientou principalmente a ajuda dos Estados Unidos, dizendo que não foi recebida nenhuma resposta ao pedido de negociações de reparações com o governo da perseguição nazista.

O sr. Dean Acheson, secretário do Departamento de Estado dos Estados Unidos, declarou à imprensa que

o governo dos Estados Unidos está satisfeito com o fato de as negociações em Haia terem resultado num acordo. Os Estados Unidos alimentam a esperança de que esses convênios sejam ratificados imediatamente [...] Os acordos agora concluídos são uma prova material da resolução da vasta maioria do povo alemão de reparar os males causados aos judeus pelo nazismo.

O texto se encerra com a seguinte Nota da Redação:

A conclusão singela das negociações entre Israel e o governo de Bonn, de um lado, e a Conferência de Reparações Materiais Judaicas e a Alemanha Ocidental, de outro lado, representa um anticlímax satisfatório em face da exaltação, em parte artificial, do movimento popular criado a propósito, com o fim de impedir qualquer contato entre representantes oficiais da Alemanha e de Israel.

É com satisfação que a Crônica noticia a conclusão dos acordos de Haia. Temos seguido o desenvolvimento das conversações sem paixões e sem considerações demagógicas, certos de que cabe ao governo e ao Parlamento de Israel o direito de decidir com quem o Estado judeu negocia e com quem não negocia, sem interferência de elementos talvez imbuídos de sinceridade e amor ao judaísmo, mas pouco dados a raciocinar com a lucidez que a hora requer. Teria sido uma atitude puramente exterior também, por parte da Conferência, se por motivo de uma concepção duvidosa do que seja honra (concepção duvidosa que já causou as maiores desgraças na política internacional e que serve para levar as massas a ações irracionais em prejuízo dos seus próprios interesses), se tivesse dado um prêmio à Alemanha pelos males causados pelo nazismo. Ficou firmemente estabelecido que os crimes nazistas de modo algum são considerados perdoados pelo fato de que delegados de Israel e da Conferência se sentaram em torno de uma mesa com delegados alemães. A culpa da Alemanha não é menor agora do que antes. Tirar daí, porém, a conclusão de que a Alemanha não deveria pagar reparações para ao menos restituir aquilo que pode ser restituído – os bens materiais roubados – significaria que se prejudicassem os vivos sem honrar os mortos. Ninguém nos dirá que somente podemos chorar os nossos mortos e honrar a sua memória inolvidável traindo os vivos, "as milhares de vítimas do nazismo" que, no dizer do representante israelita, "receberão uma compensação pelos prejuízos materiais sofridos e uma indenização pela privação da liberdade", não falando dos "muitos velhos" que "terão prioridade para receber esses benefícios". A honra é um princípio moral e a moral, principalmente no judaísmo, é um sistema de normas que servem à vida. Transformar a honra em gesto oco, à moda feudal dos cavaleiros medievais, é transformar princípios morais em princípios de prestígio exterior e vazio, em princípios que não servem à vida, mas à morte. Honremos a memória dos mortos, não a morte.

O Flagelo da Cruz Gamada[21]

Lord Russel foi, durante os trabalhos do Tribunal de Crimes de Guerra de Nuremberg, o fiscal-representante da Grã-Bretanha e é, portanto, altamente categorizado para a tarefa de escrever este breve histórico dos crimes de guerra nazistas. Dedicado a um longo labor nos arquivos do próprio processo e das organizações criadas por Hitler e seus subordinados mais chegados, esforçou-se por apresentar apenas material comprovado, quer por documentos encontrados em mãos de nazistas, quer por meio do testemunho dos acusados, quer por depoimentos de testemunhas oculares, dignos de fé. Cada tipo de crime, ilustrado geralmente por meio de alguns exemplos característicos e exposto pela apresentação de números indicadores da extensão em que foi praticado, é realçado em face das leis internacionais referentes e dos acordos internacionais violados. Assim, depois de analisados os instrumentos da tirania hitlerista (tais como a SS, a SA, Gestapo etc.), são descritos em capítulos especiais os maus tratos e assassínios perpetrados contra os prisioneiros de guerra, os crimes de guerra em alto mar, os maus tratos e assassínios cometidos contra a população civil em territórios ocupados, o trabalho forçado, os campos de concentração com suas câmaras de gás e fornos crematórios, bem como a chamada "solução final" do problema judaico, isto é, a "eliminação total dos judeus".

O livro distingue-se, em geral, por um tom sóbrio, embora se note muitas vezes uma profunda indignação. Não se esquece Lord Russel, com espírito de *fairness* (justiça), de salientar, por vezes, atitudes de indignação e rebeldia por parte dos próprios alemães, horrorizados diante de certos crimes. Evidentemente, o acento do livro

---

21. CI, n. 421. Remete ao livro de Lord Russel, *El Flagelo de la Svastica*, tradução do inglês de Adolfo Jasca, 4. ed., Buenos Aires: Editorial Americana, 1954.

não recai sobre esse aspecto da oposição alemã intermitente ao nazismo, já que a finalidade da obra é historiar os crimes cometidos.

Um livro desse tipo havia de ser escrito? Evidentemente que sim. Como também foram escritos – e deviam ser escritos – livros sobre o heroísmo anônimo de muitos alemães que, imbuídos do mais puro etos, sacrificaram as suas vidas na resistência ao nazismo ou na salvação de perseguidos. Afora o aspecto puramente histórico – que torna indispensável a publicação de tais obras –, dizemos com Karl Jaspers, o filósofo alemão, que não se deve esquecer tais acontecimentos: não só os historiadores, também a "memória coletiva" deve cuidar da sua evocação. Não para manter vivo um ódio indiscriminado e irracional e, por isso, negativo e doentio, e sim para manter vivas, na memória, as possibilidades extremas a que pode chegar a degradação humana, em determinadas condições. Dizemos "em determinadas condições", porque estamos convencidos de que o homem, embora sendo individualmente um ser livre, coletivamente pode chegar a tais extremos em certas circunstâncias, independentemente de "raça", nação, religião ou continente – em alguns casos com mais facilidade, devido a uma história infeliz, em outros casos com mais dificuldades, em virtude de uma história e condições gerais mais propícias a um desenvolvimento normal. Somente uma atitude positiva, neste sentido, fará com que se procure evitar que se criem novamente condições semelhantes àquelas que favoreceram o eclodir do nazismo.

Diremos ainda com Jaspers, ser o mais importante que o próprio povo alemão não se esqueça. Quanto mais o ser humano se lembra, diz o autor de *Origem e Meta da História*, tanto mais verificará o que fez, com tanto mais determinação aceitará a sua responsabilidade e tanto mais será um ser humano na plena acepção do termo.

A Face de uma Coletividade Escrava[22]

A obra de Adler sobre a "coletividade forçada" de Theresienstadt[23] certamente é a mais completa entre as numerosas outras que apareceram, tendo por tema aquela comunidade em que o nazismo "concentrava" certos judeus que, quer por se terem distinguido durante a I Guerra Mundial, quer por quaisquer outros motivos, não desejava eliminar imediatamente.

Em três partes abrangendo vinte capítulos, o autor descreve e analisa a história, a sociologia, a psicologia do campo. Surge assim a imagem exterior e o fundo social e psíquico de uma coletividade de cerca de quarenta mil seres humanos, forçados a viverem num lugarejo que no ano de 1930 era habitado por 7181 pessoas residentes em 219 casas. Violentos contrastes marcavam a vida de Theresienstadt: havia gente que morria de fome devorada pela sujeira, enquanto outros podiam viver num nível até certo ponto normal. No meio da pobreza e necessidade surgiu uma vida espiritual de alto nível, com conferências, apresentação de variedades artísticas, peças de teatro e concertos, coisa muito natural já que certo número dos maiores expoentes da vida artística da Alemanha se via confinado naquele campo-vitrina, através do qual os nazistas, discípulos das aldeias de Potemkin, desejavam provar à Europa o tratamento generoso que reservava aos judeus.

A documentação em que Adler se apoia é de uma extraordinária riqueza. O valor científico da obra torna-se desde já fonte obrigatória para todos aqueles que estudam o nazismo e os campos de concentração, qualquer que seja o ponto de partida respectivo. Digno de nota é o dicionário anexo em que é fixada a terminologia especial usada pelos prisioneiros. Inúmeras reproduções enriquecem o valor

22. CI, 16 de maio 1956. Refere-se ao livro: H. G. Adler, *Theresienstadt 1941-1945 (Das Antlitz einer Zwangsgemeinschft)*, Tübingen: J. C. B. Mohr, 1955.
23. Fortaleza que a Gestapo passou a utilizar como prisão.

deste volume maciço e muito bem confeccionado, que contém um prefácio do dr. Leo Baeck. É um lançamento que honra a empresa editora.

História de um Partisan *Judeu*[24]

Conheci o rapaz por intermédio de um amigo. Ele chegou há pouco ao Brasil e ainda não fala português. É um moço de uns 26 anos, de estatura média, vigoroso, de rosto rosado e olhos azuis, caracterizado por uma singular expressão de inocência e suavidade. Nasceu em Kazimierz sobre o Vístula, na Polônia Central. Antes da guerra, trabalhava no comércio. Ao começar a ocupação da Polônia, refugiou-se, a pedido dos seus pais, em Varsóvia, para evitar os trabalhos forçados a que os alemães costumavam obrigar os jovens poloneses. Voltou, no entanto, à sua cidade natal e verificou que os seus pais tinham sido assassinados pelos alemães.

Parece que foi em 1940 que os invasores o prenderam. Foi internado num campo de concentração e forçado a trabalhar nas fortificações da linha do *Bug* – linha de demarcação entre a Polônia alemã e a Polônia russa. Em 1943 começou a fugir, unindo-se com 23 outros judeus aos guerrilheiros poloneses, seus patrícios católicos. Perseguido por estes (não é erro tipográfico!), fugiu novamente e foi aceito numa unidade de guerrilheiros russos, num número aproximado de três mil, entre homens e mulheres, dirigida por um general e operando atrás das linhas alemãs. Em 1944, chegou Rokossóvski ao Vístula, ocasião em que toda a unidade foi incorporada ao exército regular russo. Como membro do exército vermelho, combateu até o fim da guerra, quando foi então licenciado. Em seguida, trabalhou durante vários meses num escritório da administração militar do exército polonês, formado pelos russos em Lublin.

---

24. JSP, 25 out. 1946.

Depois, abandonou a Polônia, receoso da vingança dos seus antigos camaradas, os guerrilheiros poloneses "arianos". Dirigiu-se à Romênia, onde trabalhou em organizações destinadas a levar judeus fugitivos à Itália (da qual ele fala em termos de ternura), a caminho da Palestina. Finalmente, seguiu pessoalmente para a Itália e viveu em Roma, sustentado em parte pela UNRRA – United Nations Relief and Rehabilitation Agency (Agência das Nações Unidas para Assistência e Reabilitação). Tendo um irmão em São Paulo, conseguiu um visto e chegando, afinal, depois "de tanto mal, de tanta desventura", às praias do Brasil.

Seria "fúria grande e sonorosa" descrever a epopeia sombria desse rapaz. É uma história extremamente humana por ser tão desumana. Seriam necessárias muitas páginas para transmitir uma pálida impressão (se alguém ousasse fazê-lo) da miséria, da crueldade, do cinismo e da loucura coletiva a que chegaram os combatentes de ambos os lados. Estamos cansados de saber tudo isso. Mas o fato é que não sabemos nada, nós que passamos a guerra afastados daquela longa noite. Talvez, nem os próprios soldados dos exércitos regulares, que participaram de ações de combate dentro de uma disciplina militar rígida, amparados por uma poderosa organização e agindo segundo certo código tradicional, saibam a que auge de bestialidade pode chegar o homem. Os filmes que nós vimos, já cortados, isto é um fato, pela censura, preocupam-se geralmente, por razões óbvias, com a heroicização e a glorificação – aliás, justas – dos soldados, e mostram os aspectos mais higiênicos dos combates cuidadosamente esterilizados e maquilados. Vivemos num mundo de mentiras românticas e de silêncios discretos. Hitler disse que um bom discurso político deveria ter o nível dos ouvintes mais estúpidos, e os cineastas de Hollywood seguem a fórmula segundo a qual um bom filme deve ter o nível das mocinhas sentimentais entre quinze e dezessete anos.

O mais horrendo da história do jovem judeu não é, entretanto, a bestialidade de ambas as partes. Ninguém perdoava ninguém, isto era perfeitamente normal nas condições anormais do extermínio mútuo. O que parece incrível é o fato de que o rapaz falou em termos mais ásperos dos seus patrícios poloneses do que dos próprios alemães. Em 1943, afirma ele, veio do General Anders, de Londres, uma ordem aos *partisans* para exterminarem os seus camaradas judeus. Duvidei, e ele repetiu o que dissera:

> A caça que os *partisans*, meus camaradas, iniciaram contra nós, judeus, era pior do que a dos alemães. Destes, sabíamos o que esperar. Dos 24 judeus que pertenceram àquele grupo de guerrilheiros poloneses, sou eu o único que sobreviveu. O resto foi assassinado pelos próprios companheiros "arianos".

Esta é uma verdade extremamente inconfortável. É conhecido, no entanto, o fato de que, entre os povos da Europa, ao lado do russo e do romeno, era o polonês o mais antissemita. Na Alemanha, o antissemitismo, latente de forma "benigna" há muito tempo, alastrou-se e se tornou virulento depois de uma tenaz campanha de propaganda pelos chefes nazistas, tomando então, de acordo com o gênio alemão, a forma de uma matança sistemática e bem organizada. Na Rússia, o regime comunista castiga hoje severamente qualquer espécie de difamação de raças, comunidades e minorias.

Enquanto na Alemanha o antissemitismo veio mais "de cima", por iniciativa dos chefes, na Polônia o ódio aos judeus parece ter sido uma atitude "espontânea", nascida nas próprias massas. Dizemos que parece ter sido. O ódio racial é sempre consequência de uma propaganda conscientemente executada que encontra, de acordo com as condições econômicas e o nível de educação, um campo mais ou menos fértil. Scholem Asch, o grande autor de *O Nazareno* e *O Apóstolo* – escritor judeu seguramente insuspeito, que foi acerbamente criticado pelos seus próprios correligionários em virtude da tendência dos seus últimos livros, que visam conciliar o judaísmo e o catolicismo –, ainda recentemente afirmou que a culpa principal pelo antissemitismo polonês cabe ao clero católico daquele país, cujos elementos, do próprio púlpito, pregaram o ódio aos judeus durante dezenas de anos. Eis mais uma verdade inconfortável, infelizmente comprovada pela notícia de que, na conferência de bispos católicos romanos realizada em Czenstochowa, neste ano, uma moção apresentada na Liga pela Luta contra o Racismo, na qual foi solicitado aos bispos reunidos que publicassem uma carta pastoral condenando o antissemitismo, foi recusada pelos clérigos. Torna-se difícil compreender tal fato, sabendo-se que em outras partes do mundo grandes expoentes do catolicismo tomaram atitude exatamente contrária.

A Organização Unida dos *Partisans* Judeus (*Fareinikte Partizanen Organizatzie* – FPO), da qual fez parte o entrevistado e cujos elementos mais ativos pertenciam ao movimento sionista juvenil Haschomer Hatzair (movimento educacional do tipo escotismo, criado em Viena pouco antes da I Guerra Mundial), considerava sua principal finalidade o combate ao fascismo em geral. Seus componentes retiraram-se dos guetos e se esconderam nos bosques, de onde realizavam seus assaltos às estradas de ferro, caminhões e outros meios de transporte alemães. Outros grupos de resistência judaica permaneceram nos guetos e "subiram aos subterrâneos", "elevaram-se ao *underground*", na expressão pitoresca do jovem *partisan*, roubando armas aos alemães e dedicando-se ao contrabando das mesmas, escondendo-as em carroças de areia. O serviço era dificílimo, pois tinham que contar com três adversários: os patrícios poloneses, os alemães e os próprios correligionários da polícia judaica, que tentavam salvar-se por meio da colaboração. Pertenceram a estes grupos do *underground* os homens que morreram no gueto de Varsóvia na rebelião de 1943. O que mais impressiona é o ódio do jovem *partisan* – um ódio frio e inabalável. Ódio aos poloneses e alemães, ódio aos norte-americanos e ingleses, e ódio aos próprios elementos judaicos que esmoreceram, que se esforçaram por continuar uma vida miserável e sem sentido, e se entregaram ao cinismo voluptuoso daqueles que perderam a vergonha, a esperança e a responsabilidade.

Todo o mundo chamado civilizado nos traiu e nos abandonou na nossa hora difícil. Naquela época, os ingleses e os norte-americanos não nos fizeram nenhum mal, apenas deixaram de fazer o bem. Eles eram mornos, só isto. Em 1943, o governo Quisling, da Hungria, dirigindo-se à Inglaterra, ofereceu facilidades para a evacuação de meio milhão de judeus. A Inglaterra negou-se a considerar essa oferta "na atual situação". O sr. Sigelman, em 1943, foi aos Estados Unidos levando consigo um plano de salvação da nossa comunidade em agonia. Trataram-no com cortesia sem compromisso, com amabilidade morna. De volta a Londres, ele se suicidou, desesperado, não por causa do fracasso, mas por causa da indiferença total.

Procuro, em vão, demonstrar que os ingleses e norte-americanos lutavam, naquela época, pela própria sobrevivência, não podendo empenhar-se, em plena guerra, pela salvação de uns poucos milhões de homens. Quais argumentos, porém, têm peso ante tamanha dor? Nós, aqui, não podemos conceber o ódio no coração daquele rapaz de olhos azuis e expressão mansa. Nós, todos nós, somos mornos. Nem sequer sabemos odiar. As minhas palavras não o alcançaram nessa imensa distância que vai entre o raciocínio e a paixão. A sua alma está longe, ela habita as zonas remotas do passado e do futuro, ela vagueia pelos lugares por onde passeavam seus pais, ela percorre, desolada, os guetos e os bosques onde tombaram os seus camaradas, cantando o hino dos *partisans* judeus:

> Com sangue e chumbo foi escrito este poema,
> não é de um pássaro liberto este cantar,
> mas é de um povo que trazia em meio às ruínas
> uma canção nos lábios… e um fuzil na mão.
>
> Não digas, nunca, que este é o último caminho.
> Se um céu de chumbo está encobrindo o azul do dia,
> há de chegar a nossa tão ansiada hora:
> o nosso passo há de ecoar – Aqui estamos!"

A canção dos *partisans* judeus, cujo original é redigido em ídiche e da qual citamos duas estrofes, foi composta por Hirsh Glik, assassinado aos 25 anos por camponeses poloneses e lituanos, quando se encontrava nos bosques entre os guerrilheiros.

2. PRECONCEITO

O "Preconceito Racial" [1]

Os esforços da Comissão de Cultura da Irmandade B'nai B'rith, no sentido de alcançar, de forma instrutiva e animadora, um público mais amplo do que o dos irmãos e irmãs, foram coroados graças a uma reunião – de um êxito capaz não só de encher a Comissão de satisfação, mas de lhe traçar rumos para o desenvolvimento do seu trabalho e para os fins que se propôs: referimo-nos à conferência sobre "O Preconceito Racial", proferida a 24 de julho por Anatol H. Rosenfeld.

A Comissão de Cultura tivera a amabilidade de encarregar o dr. Alfred Hirschberg da direção, já que o conferencista é um dos mais chegados colaboradores do mesmo nos quadros da *Crônica Israelita*, cujo redator-chefe é Alfred Hirschberg. Hirschberg apresentou Anatol Rosenfeld àqueles que não o conhecem ainda através de seus trabalhos na *Crônica* e, sobretudo, no Suplemento Literário de *O Estado de S. Paulo*, como uma pessoa que aceitou conscientemente as privações de um intelectual *freelancer* no Brasil

---

1. CI, 31 jul. 1958. Editada por Alfred Hirschberg.

123

a fim de poder dedicar-se aos seus estudos, e que até recusou uma cadeira de Germanística e Língua Alemã numa universidade do interior, a fim de não se afastar de seus trabalhos.

Em seguida, o conferencista tomou a palavra, apresentando uma exposição cujo conteúdo pode ser resumido da seguinte maneira:

Na sua conferência, o sr. Anatol H. Rosenfeld procurou configurar a *essência* do preconceito, abordando só marginalmente o preconceito racial (contra os homens de cor) e o antissemitismo, como manifestações *patológicas* do preconceito em geral. Este surge sempre quando prejulgamos fenômenos antes de conhecer um número suficiente de dados para realmente poder julgá-los; acentua-se ao julgarmos pessoas – fenômenos tremendamente complexos – à base de um ou dois dados exteriores, como por exemplo um terno amassado. Em tal caso, acrescenta-se ainda o fato de julgarmos conforme o juízo da classe a que pertencemos (classe média, por exemplo), grupo que já nos fornece um juízo antecipado e tradicional sobre pessoas maltrapilhas que não são apreciadas como indivíduos mas, por sua vez, como expoentes de outra classe (a dos maltrapilhos). Trata-se, portanto, no meu juízo, do conceito de um grupo sobre outro grupo, como tal sempre de um preconceito, já que faço um pre-juízo sobre a totalidade de um grupo sem levar em conta as grandes variações individuais dentro de cada grupo.

Tais preconceitos surgem inevitavelmente onde haja contatos entre grupos. E salientam-se quando há atritos e fricções entre os grupos, ocasião em que os preconceitos se carregam de valorizações e forte carga emocional. Cada grupo define-se, então, em termos de extremo autoenaltecimento, em detrimento de outro grupo a quem se atribuem qualidades menos lisonjeiras. Através de uma generalização e simplificação radicais da complexidade dos fenômenos se estabelecem "autoestereótipos" positivos a respeito do próprio grupo e "heteroestereótipos" menos positivos ou negativos a respeito do grupo dos "outros" ("levantino", "negro", "judeu", "boche", "goi", "bife", "capitalista", "comunista" etc.).

Razões histórico-sociais aumentam a carga emocional face a determinados grupos, como os negros e judeus, de tal forma que os estereótipos se tornam inteiramente irracionais, servindo apenas para justificar, pelo processo da racionalização, o ódio anterior. Não são as qualidades negativas de certos indivíduos do grupo que provocam o ódio, mas é devido ao ódio procedente e tradicional (coletivo) que se atribuem as qualidades negativas a estes grupos.

O conferencista apresentou grande número de exemplos de estereótipos relativos aos negros e judeus, mostrando como, mesmo os estereótipos aparentemente positivos, funcionam de forma negativa. A grande inteligência que, por exemplo, se atribui ao judeu torna-o mais perigoso como competidor, ao passo que o vigor físico que se atribui ao negro torna-o predestinado para os serviços pesados, mal remunerados.

No entanto, tais opiniões não têm nenhuma base científica. De nascença, o judeu não é mais inteligente e o negro tampouco é menos inteligente do que os outros grupos. Pelo menos não se verificou nenhuma diferença essencial a esse e a outros respeitos, a não ser aquelas que se devem a circunstâncias sociais e culturais do ambiente em que vivem os respectivos grupos.

Concluindo, o conferencista apresentou uma caracterização da chamada "personalidade autoritária", portadora do preconceito *patológico*, como foi definida por Wiesengrund Adorno, J.-P. Sartre e outros, dando exemplo dos seus hábitos de pensar e julgar e da sua maneira mórbida de encarar a realidade.

Uma discussão interessante e de bom nível seguiu estas considerações – debate que deu ao conferencista a oportunidade de ampliar as suas teses e de fundamentá-las com uma série de exemplos práticos.

O presidente da reunião exprimiu a impressão de todos de que se tratara talvez da reunião mais sugestiva dentro do programa da Comissão de Cultura e que um público cada vez maior se reuniria se fossem anunciadas conferências de teor semelhante.

Arte e Fascismo[2]

1

Um dos fenômenos mais perturbadores destes tempos é o existirem escritores e poetas de valor favoráveis ao fascismo. Para não falar da atitude ambígua de alguns franceses, como Jean Giono (autor do livro do qual foi extraído o filme *A Mulher do Padeiro*), La Fouchardière, F. Céline, Pierre Hamp, basta mencionar o nome de um grande artista como o é, indubitavelmente, o norueguês Knut Hamsun, que se colocou

2. JSP, 21, 22 e 27 fev. 1947.

com decisão e paixão ao lado do nazismo e colaborou ativamente com o partido de Quisling, traindo, pois, não só a sua pátria, mas o próprio espírito. Este fenômeno é, de alguma maneira, completamente estranhável. É comum que grandes artistas sejam conservativos. Mas confunde que homens de extraordinário destaque artístico se tornem representantes de um espírito essencialmente ilegítimo – no sentido de traírem as ideias mais caras à humanidade, de solaparem a consciência de uma certa direção no dinamismo do processo histórico e o de não reconhecerem, ao menos, a validade de um ideal humano, por mais geral que seja.

Semelhante atitude não ofende no mesmo grau tratando--se de cientistas especializados. O humano não encontra com a mesma intensidade e tonalidade no trabalho destes últimos. A personalidade integral não se expande na sua especialidade; ao contrário, quanto mais ela se apaga, tanto melhor. É perfeitamente possível que alguém seja um físico competente e ao mesmo tempo um homem desprezível, embora possa parecer que o labor exaustivo em prol da verdade estabeleça uma severa seleção. Mas o objeto do cientista se dirige a uma parcela especialmente treinada do mesmo, sem exigências específicas, às quais ele é obrigado a subordinar-se. A ciência é o reino do legítimo, no qual há, segundo critério indeturpável, uma constante eliminação do cientificamente ilegítimo, ou seja, do errado. Por mais mesquinho que seja o cientista como homem, ele não pode falsear experiências, cálculos ou fatos que outros, com relativa facilidade, podem repetir ou observar.

No caso da arte, a questão é muito mais complexa. Na obra de arte, é a totalidade do artista como homem que entra em jogo, a obra emana da sua personalidade integral, da sua vida intelectual, afetiva e inconsciente, e é uma criação até um certo ponto espontânea, de maneira alguma sujeita às exigências daquilo que é "dado" como objeto para o trabalho científico. Justamente por isso, parece chocante verificar que artistas cuja personalidade tenha se ligado intimamente ao ilegítimo e amoral possam criar obras de

126

real valor. Como isto é possível? Existe na ordem estética uma força que elimina ou transforma aquilo que nós consideramos ilegítimo? Naturalmente, pode-se objetar que o esteticamente perfeito não tem nenhuma relação com aquilo que chamamos legítimo na história político-social. O assunto ou conteúdo ideológico da obra de arte é, em si, esteticamente indiferente, é um elemento não estético. A arte tem a sua autonomia particular e não pode receber ordens de outras camadas do "espírito objetivo". O artista, como personalidade total, pode perfeitamente por-se ao lado do que nós consideramos ilegítimo na dinâmica do processo histórico, pode defender ideias vergonhosas e retrógradas e glorificá-las na sua obra; e contudo pode realizar o ideal estético, criando produtos perfeitos.

Este argumento não satisfaz, porém, inteiramente. O ideal estético coincide de maneira extraordinária com o ideal humano. O homem como ente anfíbio, de dupla essência, composto de natureza e espírito, como ponto de contato de duas determinações opostas – isto é, da liberdade (pois esta também é determinação) e da necessidade –, tem como verdadeiro ideal, apesar de todas as variações, a equilibração e harmonização destes dois elementos contrários. Justamente isso é também (assim nos parece) o ideal da arte. Na bela expressão de Schelling, aparece só no produto da arte, criado pelo entusiasmo consciente-inconsciente do grande artista, o que a realidade em vão procura realizar; é nele que se estabelece o equilíbrio de uma oposição infinita; é o artista que cria a beleza, este milagre inefável por meio do qual a ideia se torna matéria e a liberdade natureza. A própria mediação entre essas duas determinações é espírito – um espírito que se transformou em imagem e vida. A arte é, pois, um símbolo da perfeição humana, de um estado de graça em que instinto e imperativo, ser e dever ser equilibram-se e interpenetram-se. Mesmo a deformação e a desarmonia na arte são elementos normais de uma síntese mais ampla, de uma harmonia mais rica e diferenciada. E embora o homem continue a ser um ente em eterno conflito consigo mesmo, é a arte a expressão de uma imensa esperança, do anseio de uma infinita aproximação. Entende-se, pois, que a arte é essencialmente adversa a qualquer movimento político que se empenhe numa direção oposta a esse ideal.

Que o nazifascismo é a expressão de uma concepção assim aviltante, não padece a menor dúvida.

Socialmente, propõe-se a destruir os delicados brotos de autonomia individual já desenvolvidos através de séculos de luta, timbrando em fazer voltar o indivíduo a estados anteriores em que vivia totalmente absorvido pela tribo, pelo clã, pela casta, pela natureza ou por organizações supraindividuais. Econômica e politicamente, é a expressão de um capitalismo degenerado, a emancipação dos impulsos mais baixos, camuflados de heroicos e aureolados por mitos irracionais, é a glorificação de um imperialismo brutal; é, finalmente, para a grande massa, a transformação da pessoa humana em mero objeto e instrumento, significando a divinização do poder tirânico e a aniquilação da legalidade e da justiça, mesmo como mera ideia a ser visada. Filosoficamente, é o triunfo do irracional sobre o racional e submissão consciente da consciência moral a categorias biológicas, como é a raça que determinaria completamente o espiritual, em flagrante contradição com todas as pesquisas científicas, segundo as quais se verificou que o espiritual é "condicionado", mas não determinado pelos fatores biológicos. O marxismo, comparado com isto, é um idealismo sonhador, pois embora supondo que a infraestrutura econômica condicione as esferas espirituais, acentua contudo, com toda a ênfase, o movimento e a evolução dialética, profetizando a redenção e a libertação do verdadeiro homem. Ao contrário, o racismo prende o indivíduo inexoravelmente à sua descendência biológica e divide a humanidade definitivamente em raças inferiores e superiores, estabelecendo, pois, uma hierarquia de escravos e senhores, de acordo com uma seleção irracional e pregando uma sociedade de castas impermeáveis.

É óbvio, por conseguinte, que arte e fascismo se encontram em campos opostos, como duas intenções hostis, como expressão, aquela, do legítimo, e este do ilegítimo no espírito vivo da humanidade. Como existem, entretanto, verdadeiras obras de arte criadas por adeptos do fascismo, devemos concluir que haja uma profunda divergência entre a obra e o seu criador, embora aquela emane da totalidade deste, como personalidade integral, e não só como especialista, artífice, artesão e obreiro cuidadoso.

2

A vida, no seu fluxo ininterrupto, tem o anseio de transcender-se a si mesma e de fixar-se em objetivações espirituais. O artista, graças à sua posição intermediária entre a vida e o espírito, é o mais poderoso agente para a fixação espiritual da vida.

A obra de arte, de modalidade ôntica totalmente diversa da do seu criador, que é uma pessoa psicofísica em situação social, ao passo que aquela é uma objetivação espiritual sem "existência", subsistindo apenas no seu substrato material, e, ao mesmo tempo, mais e menos do que o seu autor. É menos, pois não tem existência psíquica, é apenas uma objeção que depende, para viver, dos atos psíquicos do público que a compreende. É mais, por ter as suas leis próprias, não podendo ser deduzida inteiramente de atos psíquicos. A beleza, por exemplo, não está no ato da criação nem no prazer do "consumidor", mas somente na obra (Nicolai Hartmann). É mais, pois a obra de arte fala por meio de símbolos; é, ela mesma, um símbolo prenhe de sugestões que em épocas diferentes, séculos depois da morte do criador, pode, em renascenças sucessivas, revelar novos sentidos e novos valores desconhecidos ao próprio criador. A obra de arte tem a sua própria autonomia e uma "vida" diferente daquela do seu autor. Ela não participa das contingências da vida psicofísica. Chamar uma obra de arte de imoral seria tão ridículo como chamar um triângulo de injusto. A obra artística pode expressar o imoral, mas não pode ser imoral.

Psicologicamente, o grande artista é geralmente uma pessoa em que o conflito entre o intelecto e a emotividade, entre o "espírito" e a "natureza" chega a extremos devido ao extraordinário desenvolvimento desses elementos opostos. Justamente essa imensa oposição é fecunda e gera o *eros* criador. Instintos violentos em oposição a uma inteligência poderosa criam a tensão por assim dizer elétrica que possibilita a descarga da obra.

É corriqueira a noção de que a força criadora se encontra quase sempre ligada a estruturas psíquicas patológicas, sem que se deva estabelecer uma causalidade muito direta. A teoria do gênio mórbido não é um mito, como assegurou recentemente um sociólogo francês, afirmando que o artista, mesmo sadio, se vê forçado a tomar atitudes doentias para satisfazer um público acostumado a considerar o gênio como um ente meio anormal. Não foi Lombroso quem inventou a teoria do gênio doente; já antes, Moreau tratou desse tema com mais discernimento. Lamartine falou de *cette maladie mentale qu'on appelle génie* (dessa doença mental que chamam o gênio). E na Antiguidade, essa opinião era um lugar-comum (Sêneca: *Nullum magnum ingenium sine mixtura dementiae fuit* [Não há grande douto que de louco não tenha um pouco]).

3

A não identificação do artista com o ambiente, a época, a cultura, a sua diferenciação, faz com que ele consiga a distância, a "perspectiva" necessárias à visão artística e à criação original. A tensão neurótica é, sob o ponto de vista artístico, sumamente fecunda. A sensação da própria insuficiência e impotência tende a estimular compensações e se descarrega – quando há talento – na obra. Wagner expressou isso muito bem numa carta a Liszt: "Não compreendo como um homem verdadeiramente feliz possa lembrar-se de 'fazer arte'... Arte é apenas uma confissão de impotência... Ela é desejo... É, como a champanhe, um meio de alguém livrar-se de si mesmo".

Referimo-nos a toda essa complexa questão para demonstrar que a relação entre a obra e o seu criador, embora muito íntima, não é simples e direta, mas contraditória e ambígua. É ingênuo supor que um produto de valor deva ter um autor biologicamente "normal" ou social, moral ou espiritualmente "satisfatório". A relação dúbia entre obra e autor é comprovada pelo simples fato de que é impossível restabelecer, mesmo aproximadamente, a personalidade de um artista, quando desconhecido, por meio de sua obra. Já o contrário é possível: quando conhecemos a biografia do autor, encontramo-lo, descobrimo-lo inteiramente na sua obra, verificando, porém, que os elementos psíquicos sofreram na passagem para o *ontos* estético uma transformação extraordinária. Em inúmeros casos a obra é uma sublimação, é expressão de saudades e anseios, de sonhos e divagações. Encontramos na obra, às vezes, justamente o que falta ao seu criador... e o que falta a ele é determinante da sua estrutura psíquica, por exemplo: harmonia, equilíbrio. E mesmo quando a disposição melancólica, os conflitos, as tensões e o patológico se exprimem na obra, isto se dá de uma maneira articulada ou esteticamente organizada, interferindo um processo de imensa sublimação, graças à faculdade do artista de oscilar entre o irracional e o racional, entre o sonho e a realidade – seja no próprio momento da criação, seja num labor sucessivo de autocrítica, decantação e destilação. Mesmo na representação do sofrimento, da paixão cega, do conflito moral, da perdição, do pecado e dos abismos tenebrosos da alma humana, subjugada por uma fatalidade inexorável, a arte significa uma libertação triunfal pela expressão da tragédia, pela sua objetivação que, na essência, é dominação e vitória. O verbo ardente ou irônico eleva a dor e a causalidade muda da natureza para as alturas do espírito. "De um escravo da natureza, enquanto a sente" – disse Schiller – "torna-se o homem o seu legislador, logo que a pensa". Logo que a exprime, acrescentamos nós.

Temos que reconhecer, pois, que dentro da ordem estética não pode sobreviver o anti-humano, a não ser como representação justamente do retrógrado e desprezível. A própria tentativa de glorificação de ideias fascistas forçaria o artista a transformá-las, a torná-las simpáticas e humanas, a cercá-las de graça e beleza, a elevá-las de tal forma que se tornariam a sua própria contradição. Expressou muito bem isto Fidelino de Figueiredo: "Se a servidão pudesse criar uma poesia sua, vibrante daquela força ascensional que é a alma da arte, neste mesmo instante se transformava em liberdade, o que é contra a (?), é um absurdo impensável".

Eis a razão por que Knut Hamsun podia ser um traidor, sem que na sua obra se percebesse a decadência moral do seu criador. Os únicos elementos na sua obra que nos indicam aberração do homem são aqueles humaníssimos gerais que representam uma crítica a uma organização decadente, elementos esses que fizeram com que milhões de seres humanos desamparados, desesperados e solitários, chicoteados por uma angústia imensa, se lançassem nos braços de uma ideologia criminosa que prometeu demagogicamente amparo e proteção. Thomas Mann tem razão quando diz que o escritor que trai o espírito "e se recusa a decidir o problema humano, posto como é hoje politicamente, é um homem perdido". Não tem razão, porém, quando afirma que "mesmo a sua primeira obra, criada antes que ele se tornasse assim culpado, embora anteriormente perfeita e viva, deixa de ser tal, ficando desfeita perante os olhos dos homens". Não tem razão, pois a obra de arte tem uma essência que independe das contingências biográficas do seu criador. É trágico verificar este fato: Knut Hamsun é um homem perdido. Porém a sua obra continua viva e perfeita.

Este ponto de vista foi expresso, de maneira justa, numa antologia de poetas norte-americanos editada por

The Modern Library. O diretor dessa empresa, Benet Cerf, não queria admitir a publicação de poemas de Ezra Pound, poeta norte-americano e fascista que, durante a guerra, rebaixou-se a transmitir pela rádio de Roma propaganda italiana contra a sua pátria. A intenção de eliminar os seus poemas da antologia provocou uma vasta polêmica na imprensa. Um oficial que perdera uma perna na guerra escreveu a Cerf: "Perdi a minha perna... mas não está claro que o sujeito que colocou a mina por cima da qual passei podia possivelmente escrever poemas melhores do que eu? Não comprarei a antologia se Pound for excluído dela" Finalmente, Cerf viu-se obrigado a ceder: "Reimprimimos os seus poemas a fim de que seja afastada qualquer suspeita e porque concordamos que talvez estejamos enganados confundindo Pound o poeta, com Pound o homem. Aquele é tido como digno de aparecer neste volume... Eis porque publicamos poemas seus. Pound, o homem, consideramo-lo, contudo, um traidor desprezível da pátria". Poderíamos acrescentar: Pound, o poeta, é Pound, o homem. Eles são inseparáveis. Sua obra, porém, sendo uma obra de arte, agiu como um filtro e transformador. Dentro da ordem estética apareceu purificada a miséria moral que desonrou o homem. A arte realiza milagres. No seu reino, até o lodo reflete as estrelas.

Heinrich Mann e o Antissemitismo[3]

Saber como a perseguição aos judeus se reflete no espírito de um grande não judeu é sempre interessante, embora não passe de um consolo meio magro, no caso de uma atitude contrária, e de uma decepção suportável, em caso de consentimento. Tudo isso não resolve a questão do antissemitismo, desse emaranhado inextricável de primitivismo bárbaro e cálculo frio, de fanatismo, estupidez e

3. CI, 12 set. 1947.

premeditação, de ódio e ressentimento, de preconceito, inveja, sentimento de inferioridade, supercompensação e recalques, de religião, economia, biologia, tradição, história, mitologia e lenda, de consciência é inconsciência, de propaganda mal intencionada e suposta espontaneidade – todo esse complexo escuro e viscoso que viceja no solo fértil de uma sociedade milenar e universalmente desorganizada e em constante conflito consigo mesma.

Contudo, a opinião de Heinrich Mann não é somente a de um grande escritor, mas também a de um grande homem, de homem apaixonado pela verdade. Os judeus acostumaram-se a ouvir de não judeus ou elogios rasgados, hinos ao seu gênio incomensurável, ou então críticas acerbas, maldições violentas e pragas não muito perfumadas. Nessa situação, é sumamente útil tomar conhecimento da opinião de um homem que ama a verdade com tal paixão que é capaz de ficar desapaixonado em face dos grandes problemas.

É, por exemplo, desagradável ouvir que Heinrich Mann não considera os judeus especialmente interessantes – nem os antissemitas chegam a esse cúmulo de desaforo. Psicologicamente, opina Mann, são muito mais interessantes os próprios antissemitas, pois é óbvio que os anormais são objetos mais atraentes para pesquisas do que os normais. Nem a satisfação de ser uma raça concede ele à comunidade judaica, e tampouco a glória de uma importância excepcional, mesmo que seja negativa.

Nunca se exagerou a importância de um tipo humano da maneira como o antissemita costuma exagerar a do judeu. Considerado sob o ponto de vista do antissemita, o capitalismo origina-se repentinamente não mais da máquina, mas dos judeus. As supercidades não são criação do capital, mas dos judeus. Exploração do trabalho e usura são invenções judaicas; pauperismo das massas, decadência moral das nações, acompanham o passo do judeu. Seus instrumentos são tanto o liberalismo quanto a democracia, o socialismo não menos do que o capitalismo, mormente, porém, a má inteligência também chamada de "intelecto judaico". É aterrador.

A verdade é [continua Mann] que os judeus não são nada menos do que inventores. Não inventaram a máquina a vapor e nem os seus resultados. Também o marxismo não foi inventado por um único Marx. Proudhon e Saint-Simon viveram antes e, mais tarde, inventou-o definitivamente Lenin.

Com poucas exceções, eram os judeus, na história da Europa moderna, quase sempre apenas os elos e as partes, e não um início. Geralmente alcançam, de acordo com Mann, um bom segundo lugar com muita distinção, chegam meio passo atrás do primeiro, porém os primeiros raramente eles o são. Nem o monoteísmo eles inventaram, podemos acrescentar. Foi um rei egípcio, de nome Akhenaton ou Amenotep IV, que há quase 3,5 mil anos teve a inspiração do "Deus único cujos poderes nenhum outro ente possui", e que com muita probabilidade influenciou Moisés. Por sua vez, foi Jesus somente um elo, e não um início. Spinoza aprendeu de Descartes e Bergson caiu tampouco do céu, tanto quanto Hermann Cohen e Einstein. Onde é o início? Todos são elos. Quem pode medir com uma fita métrica a influência de Spinoza sobre a evolução espiritual de Goethe, a de Salomon (1753-1800), na de Fichte, na de Moses Mendelssohn ou na de Lessing? É uma perfeita futilidade calcular aritmeticamente o efeito na corrente da história espiritual. É impossível fixar a quantidade de um fator causal no entrelaçamento da realidade histórica. "Ninguém caiu do céu, nada resta senão colaborar no pensamento já preparado, cada um nada mais é do que uma parcela do espírito geral".

Palavras acerbas encontra Mann quando se dirige contra aqueles que fazem pouco do chamado "intelecto judaico".

Os antissemitas glorificam os sentimentos, o inconsciente, a emoção – e isso é lá com eles. Porém eles costumam chamar o intelecto de infame e judaico – e aqui deve começar o rigor. O pensamento intelectual é, obviamente, a conquista decisiva que faz com que sejamos homens... Shakespeare e Goethe nada sentiram e nada sonharam que se tivesse tornado capaz de sobrevivência senão por meio do pensamento... "Intelecto judaico": isso não é um ataque contra uma comunidade, é muito mais a renegação da nossa essência mais humana. Essa gente quer renunciar à responsabilidade humana e, por isso, fala mal do intelecto... Com o intelecto vive e perece a sensibilidade moral. Esta só se torna eficiente através do raciocínio, e ao suprimir-se este, suprime-se ao mesmo tempo aquela. Somente um tipo humano sem intelecto sensível se empenha... em privar outros dos seus direitos... *Wer mit Entrechtungen erst angefangen hat, hoert bei den Juden nicht auf.*

Desejar-se-ia que também os jovens judeus reconhecessem a verdade destas palavras visto que eles, da mesma forma como os jovens de outras nações, tem muitas vezes a tendência de reagir de maneira puramente emocional, sem filtrar o seu ódio ou o seu amor através do coador do "intelecto judaico". Vimos as consequências de uma atitude e de uma ação meramente emocionais no caso dos antissemitas. Seria ridículo se os judeus se pusessem a imitar os seus inimigos fracassados.

Homens de boa índole tratam-se mutuamente com ceticismo e, simultaneamente, com disposição para a benevolência. Eles não alimentam ideias exageradas a respeito dos outros (e tampouco a respeito de si mesmos), nem quanto às boas e nem quanto às más qualidades. Principalmente, percebem as semelhanças de todos consigo mesmos. Eles não se gabam nunca de sua descendência. Na média, são todos, quando nascem, mais aparentados do que alheios. O que decide é o esforço ao longo da vida.

O que decide é o esforço ao longo da vida. Não é nenhuma vergonha, nem um merecimento, pertencer a dada comunidade. Seguramente, não é um privilégio e nem uma sinecura. É apenas um encargo e uma obrigação. Quem está convencido de que a sua comunidade é gloriosa, então esse tem de provar, por meio do seu empenho e esforço individuais, que é digno de pertencer a ela.

Henrique Mann[4]

> *Alegro-me por saber, meu senhor,*
> *que sois poeta. Porém, meu senhor, não sois*
> *nada mais? Isso me causa pesar.*

LESSING

Henrique Mann, irmão mais velho de Thomas, parece ser quase totalmente desconhecido no Brasil. Talvez alguns se lembrem dele devido ao romance *Professor Unrat*, que forneceu o enredo para o filme *O Anjo Azul*, com Marlene Dietrich e Emil Jennings. Contudo, é um dos maiores escritores de língua alemã dos nossos dias, a nosso ver superior a Jacob Wassermann, Arnold Zweig, Alfred Doblin, Franz Werfel (para não mencionar Stefan Zweig), conquanto talvez seja ocioso fazer comparações dessa espécie; é autor de uma série de romances admiráveis e de ensaios lúcidos e penetrantes. A família Mann é um caso notável na história da literatura pela concentração de dons artísticos em vários dos seus membros. Thomas é um dos maiores romancistas contemporâneos. Henrique é considerado, por alguns admiradores, como superior a seu irmão mais célebre, e Klaus, filho de Thomas, é igualmente um escritor de fama, autor de algumas novelas formosas e de um excelente livro sobre André Gide. Érica, sua irmã, além de ser campeã de corridas de automóvel e esposa de um dos maiores poetas ingleses, W. Auden, é escritora, atriz destacada e teatróloga de sucesso. Parece que tamanha acumulação de talento em uma única família devia ser paga com preço alto: duas irmãs de Thomas e Henrique se suicidaram.

Enquanto Thomas, em lenta evolução, afastou-se da sua atitude inicialmente apolítica de esteta entretido em jogos mais ou menos gratuitos de arte pura e, lentamente, através de duras lutas interiores, se aproximava da vida e das suas exigências cotidianas, acentuando cada vez mais

4. JSP, sem data.

a sua participação moral e humana nos acontecimentos sociais, entregou-se Henrique, espírito mais apaixonado e mais combativo, desde o início, aos embates da ação e da vida. Desde o início queria "melhorar o mundo" ou, pelo menos, a Alemanha. "Alegro-me por saber, meu senhor, que sois poeta". Isso é muito. Mas não é suficiente. Porque além disso é preciso agir, agir sempre. O verdadeiro espírito é sempre ação: quem diz "espírito" diz "verdade", e quem diz "verdade", sabe que é preciso lutar por ela. "Não é o conhecimento autossuficiente que faz do homem um ser espiritual, mas a paixão do espírito que quer a vida cada vez mais pura e o homem inteiramente humano". "Eu tenho o dom da vida", diz Mann com Émile Zola. "Pois eu tenho a profunda paixão pela vida. Mas o que é esse dom da vida? "É o dom da verdade". No fim, é só a verdade que favorece a vida e a vida sem verdade sucumbe. Assim se encontram o espírito e a vida, elementos de cuja distância o discípulo de Nietzsche muito sabe, no anseio da verdade. Porém, a verdade é trabalho incessante e participação ardente. "Literatura e política, tendo ambas como objeto o homem, são inseparáveis... dentro de um povo livre. Ao tornar-se política, torna-se uma obra humana!". E isto: "Esteticismo é o produto de épocas sem esperança, de Estados que matam a esperança".

Desde o início, sabia o autor de *Professor Unrat* que descobrir a realidade é transformá-la. E desde o início teve perspicácia e tino políticos e uma imensa agudeza do olhar para descobrir os impulsos profundos dos processos sociais – qualidades acentuadas talvez pela sua posição de "meio latino", como filho de uma brasileira. Pois é em Henrique que esse fato, de importância talvez mais psicológica do que biológica, parece ter tido maior influência, conquanto também Thomas muitas vezes se referirá a ele. É Henrique quem escreveu um romance com o título: *Entre as Raças*, cuja figura principal é uma moça descendente de pai alemão e de mãe brasileira, aparecendo esta última simplesmente com o nome de "mãe".

Num ensaio sobre Victor Hugo, sorrindo da vaidade do poeta francês, Henrique conta uma anedota:

> Minha mãe sabia da sua terra uma história. Dom Pedro, imperador do Brasil e poeta, viajou para Paris e estava de visita na casa de Victor Hugo. "Sire", disse Victor Hugo. O imperador disse: "Aqui não há nenhum soberano a não ser Victor Hugo". E este não disse nada.

Como homem "entre as raças", Henrique lutou durante toda a sua vida pela aproximação entre a Alemanha e a França, seja por meio de artigos e proclamações, seja por meio de conferências e entrevistas com políticos como Briand e Doumergue. Durante a I Guerra Mundial, enquanto Thomas, ainda nacionalista e conservador, numa desesperada discussão interior, meditava sobre a essência da "cultura" alemã tida como superior à "civilização" latina, estava Henrique já na França, lutando pela paz. É imensa a sua agitação ao aproximar-se o perigo do nazismo, é comovente ler os seus artigos, escritos em francês e alemão, nos quais exorta os dois povos a reagirem contra o demônio que, como ele bem previa, iria inundar o mundo com sangue. Presidente da Academia Alemã de Letras, deposto por Goebbels, tem ele de fugir apressadamente em 1938 da sua pátria. Porém na emigração, primeiramente na França e depois na América, continuou lutando, já velho, como um dos líderes do movimento antifascista dos alemães exilados. Burguês de descendência e por tradição, não ligado a nenhum partido, democrata no sentido mais puro e humano da palavra, reconhece ele a importância primordial da classe operária no combate ao fascismo – problema hoje tão atual como antes. Pois – triste e cruel é dizê-lo – ele profetiza um grande futuro ao fascismo. "Como não?", escreveu Thomas, interpretando as ideias de seu irmão.

> Como o fascismo nunca foi combatido seriamente e com pleno empenho, segue-se que ele não foi verdadeiramente derrotado [...]

O medo dos seus terrores é dominado pelo medo da sua alternativa, do socialismo, e assim as almas estão abertas ao fascismo. Os soldados norte-americanos o apreendem na Europa; contudo, poderiam apreendê-lo da mesma forma em casa, se, de resto, necessitassem ainda de apreendê-lo.

É só recentemente que Thomas adquiriu esta visão política, ele, o antigo conservador e grande burguês que, em análises profundas, sabia destacar os altos valores da sua classe. Henrique já a havia tido há trinta ou quarenta anos antes. A burguesia! Ela tem ideias grandiosas, sem dúvida; ela possuía Victor Hugo para cantá-las. Mais recentemente, quem as canta são os republicanos no Congresso norte-americano, com menos talento mas com mais publicidade e com a bomba atômica como orquestração. Ideias grandiosas, embora mais tarde se transformem sempre em negócios. Nunca ele perdoou à burguesia que de tudo faz negócios desde o início, quando os especuladores ganharam dinheiro com os feitos gloriosos de Napoleão. "O capital deu à Revolução Francesa a reviravolta fascista. E naquela época!... Napoleão morreu em ignorância sobre o mundo modificado por ele. Ele acreditava legar ao mundo a liberdade e o mundo caiu sob o domínio do dinheiro".

Com o seu senso aguçado de homem "entre as raças", que tem "um pé em cada mundo", em "cada povo", que tem "tentáculos para tudo", que é "aparentado com tudo", descobriu ele há cinquenta anos as realidades alemãs, escrevendo uma série de romances que são o mais vivo documento humano da época de Guilherme II. Ela sobrevive nesses romances terrivelmente sarcásticos, lúcidos, de um realismo que, longe de ser cópia da realidade, a condensa, aumenta, essencializa, dinamiza. No seu *Der Untertan* (O Súdito) apresenta, há mais de trinta anos, ainda antes da I Guerra Mundial, na figura do burguês Diederich Hessling, fanático partidário do imperador megalômano, o tipo exato do nazista, o sadomasoquista cruel por impotência íntima, servil diante dos superiores e brutal contra os inferiores e mais fracos, embriagado pelo poder em cuja sombra os negócios florescem. Dizem alguns que esses livros são caricaturas. Mas a própria sociedade que ele descreveu foi uma caricatura. Ele já sabe alguma coisa da burguesia que Balzac ainda não sabia. Ela encontrou nele o seu observador implacável, um homem que não vivia só entre as raças mas, como intelectual, vivia também entre as classes. Não faltam em seus livros os *nouveaux riches*, os especuladores, os figurões, os bajuladores, toda essa fauna típica; nem faltam o liberal suave e em plena decadência, e tampouco o líder corrompido dos operários, ávido por tornar-se burguês. Conhecemo-los todos e eles se agitam nos seus livros com uma plasticidade que assusta.

A sua arte de movimentar as suas figuras é extraordinária e o movimento nas suas obras é tão violento que o leitor perde a respiração como se fizesse uma corrida de fundo. Uma vírgula pode significar o passar de anos, as cenas seguem-se sem intervalos. O homem dos nossos dias, irremediavelmente condenado à proletarização, esse homem sem oportunidades, esse Julien Sorel em edição de bolso que, como *ersatz* para êxitos reais tem o "espírito esportivo" e que, embora angustiado e aniquilado na luta pela vida não deixa de correr atrás da "grande aventura" – nos seus livros ele se debate num estrebuchar de besouro na janela, porém toda essa farsa é fundida numa língua que se sublimou nos laboratórios linguísticos de Kleist, Heine, Stendhal e Flaubert. Nenhuma frase frouxa. Uma economia de adjetivos prussiana e, apesar disso, um esplendor, uma "verve", um saber suculento, um *mousser* [efervescer] que embriagou gerações de alemães enquanto aprenderam a escrever com ele. Nas letras alemãs, Henrique Mann representa um fenômeno semelhante ao de Eça de Queirós nas letras portuguesas.

Esse homem das lutas políticas, esse moralista radical, é ao mesmo tempo um artista que não faz a mínima concessão à política e ao gosto comum. Apesar do seu ardente empenho, nunca fez arte "empenhada". "Eu – divulgar uma tendência política? Mas eu sou *romancier* e tenho que ocupar-me com os homens como são!" Mas isso é, naturalmente, quanto basta. Os homens como são! Descrevendo-os como são é que um romancista trabalha na matéria da humanidade viva. É assim que os seus romances se tornam "ações" em grau tão alto quanto os seus ensaios reunidos em livros com títulos como estes: *Espírito e Ação, Ódio, Coragem.*

Henrique Mann é hoje, aos 76 anos, mais do que nunca uma grande lição para os intelectuais. Nunca desanimou, embora sempre predissesse os acontecimentos, sem jamais ter conseguido coisa alguma com suas advertências angustiosas. Ainda em 1945, por ocasião da tomada de Berlim, dirigiu-se ao povo da capital da Alemanha: "Abolir o 'Grande Estado Maior'? Exato, mas isso não impediria novas catástrofes. Tirar o poder aos *Junkers*? Exato, mas a nobreza está em decadência assim mesmo. Os vossos industriais e seus financiadores são o inimigo que deveis bater!" Tudo em vão. Os americanos não admitem nem a desapropriação e nem a nacionalização das indústrias do Ruhr; não as admitem para o bem da "democracia"! Mas, apesar dos fracassos e frustrações, Henrique não desanimou. Nunca duvidou da importância do espírito e da inteligência, sabendo embora da sua fraqueza. Nunca fez parte daqueles intelectuais que se entregam a um ceticismo cheio de "sabedoria" e de covardia e que abdicam em favor de um "irracionalismo" grã-fino. Não é preciso o concurso dos intelectuais para fazer o cartaz do "irracional", este viceja por si mesmo; os seus recursos entre "os homens como são" ainda dão para vários milênios. A traição desses intelectuais é repelente. Só em tempos felizes é permitido ser pessimista. A fraca voz da verdade talvez se perca no ruído insano deste deserto, porém a posteridade a descobrirá gravada no mármore da história. A história, por mais que os donos do mundo a torçam, violentem e prostituam para procriar o passado – a história só sabe dar à luz o futuro.

Emil Ludwig e o Leitor do Nosso Tempo[5]

Com o falecimento de Emil Ludwig, amplamente divulgado pela imprensa, extinguiu-se a vida de um dos mais famosos e mais populares autores de biografias e de reportagem de intenção histórica da atualidade. O enorme êxito alcançado por ele mereceria um estudo minucioso que certamente contribuiria para esclarecer alguns aspectos da psicologia do nosso tempo e do grande público leitor.

A grande *hausse* (valorização) de biografias é, sem dúvida, um fenômeno interessante. Neste sentido, E. Ludwig aproveitou – e em parte aperfeiçoou – um gênero de literatura iniciado modernamente por Lytton Strachey e continuado por Maurois, St. Zweig e outros, gênero que parece corresponder a um profundo anseio das massas. É precisamente numa época de nivelamento e estandardização do indivíduo, numa época em que a pessoa humana, esmagada pela engrenagem enorme dos processos econômicos e históricos em geral, se sente diminuída e aniquilada; é precisamente em tal período que o leitor deseja sentir-se empolgado pela apresentação dos "grandes chefes", dos "gênios", dos "superpolíticos".

O mito do grande homem que "faz história", tão vigorosamente lançado por Carlyle, a tal ponto que Ernst Cassirer o considera um dos inspiradores remotos do fascismo, esse mito, nós o sabemos, tornou-se, por mais paradoxal que possa parecer, a religião do "homem comum", também nos países chamados democráticos, mormente em tempos de crise em que se espera a salvação pela interferência milagrosa de um super-homem – seja um político real para os adultos, seja um ser puramente fictício –, como o "homem de aço" – para as crianças. O mito do grande homem tem, para o homem comum, uma função extremamente salutar e calmante. Não serve somente para facilitar a evasão romântica de uma vida feita de inúmeras minúcias mesquinhas;

---

5. CI, 1 jan. 1948; JSP, 23 out. 1949.

corresponde também ao profundo anelo do homem nivelado de entregar as suas responsabilidades pessoais, cada vez mais tremendas, a um ser superior capaz de solucionar todos os problemas, em cujo redemoinho se debate o miúdo Mickey Mouse do nosso tempo.

Outro elemento que talvez explique em parte o fantástico êxito das biografias é a vontade do homem atual de inteirar-se, de maneira amena, de "fatos". Nunca o consumo de fatos, possibilitado pelo enorme desenvolvimento das comunicações, foi tão grande como hoje. Antigamente, um fato levava meses para ser divulgado; cada fato ocorrido podia ser digerido e integrado numa cosmovisão tradicional, num sistema de conceitos fornecido pela lenta elaboração dos séculos. Atualmente, com o desmoronamento de todas as concepções tradicionais, com o sistema de vida e de pensamento em plena crise, o homem se agarra desesperadamente aos fatos – fatos confusos, dispersos, sem nexo, fatos desencontrados e contraditórios –, verdadeira enxurrada de fatos em cuja corrente cada vez mais volumosa o homem, incapaz de estruturá-los e integrá-los numa ampla visão própria para servir-lhe de tábua de salvação, sente ceder o chão debaixo dos pés e corre o perigo de se afogar. Com a área de atenção, o espaço de comunicação imensamente ampliados, o homem sente a necessidade urgente de estereótipos que lhe facilitem o suposto entendimento dos fenômenos.

Tais estereótipos – o "judeu", o "capitalista", o "comunista", o "alemão", o "francês", entre outros –, simbolizados por figuras concretas, por personalidades tidas como características, esquematizam a realidade confusa e proporcionam à mente conturbada do consumidor de tais estereótipos, frequentemente fornecidos pelo cinema e por caricaturas, uma aparente orientação e um consequente bem-estar psicológico. E é particularmente o autor de biografias que vem amparar o homem comum, fabricando explicações fáceis, agradáveis e até interessantes através de uma simplificação, às vezes grosseiras, dos fenômenos mais complexos, esboçando esquemas singelos, cristalizados em torno de uma "grande personalidade", e esclarecendo, por meio de análises psicológicas e caracterológicas de uma dada figura política, os processos históricos mais intrincados, condicionados por inúmeros fatores de ordem social. É a revelação definitiva de todos os segredos, a solução radical de todos os problemas por meio de uma leitura suave e digestiva durante um *weekend* chuvoso em Serra Negra ou durante uma viagem de bonde ao escritório.

Todavia, a verdade é que principalmente na arte, e por vezes na filosofia, a personalidade genial desempenha um papel preponderante. Já na ciência, o indivíduo bem dotado geralmente nada é senão um colaborador ativo na corrente geral do pensamento. Na esfera política, finalmente, e ainda mais na política atual, o grande homem quase sempre vem a ser apenas um expoente de forças coletivas que se servem dele. Além disso, depende ele, em alto grau, de uma dada situação, e a sua obra frequentemente se dissolve em poucos anos, caso não corresponda às tendências gerais da época ou às forças dominantes de uma determinada nação ou de uma determinada constelação de poderes.

Somos os últimos a condenar as boas obras de divulgação. A divulgação popular, ponte indispensável entre elites e massas, entre o laboratório silencioso do cientista e a balbúrdia da rua, tem uma função essencial numa verdadeira democracia que deveria apoiar-se na vontade esclarecida do povo. No terreno da história, as boas obras populares poderiam ter uma influência de alcance incalculável. Não negamos a Emil Ludwig grande habilidade de exposição, imensa versatilidade, fácil penetração psicológica, vasta cultura e brilhante inteligência. Todavia, precisamente tais dons, unidos a certa ingenuidade, talvez proposital na visão dos acontecimentos, induziram-no a um frequente oportunismo, a certa elegante superficialidade apressada de repórter de grandes tiragens e a interpretações às vezes unilaterais e exageradamente "personalistas" e "políticas", de fenômenos que somente podem ser entendidos como consequência de amplos processos sociais.

A leitura de obras como as de Emil Ludwig pode ser de grande valor no caso de ela estimular e sugerir leituras mais profundas e uma ocupação mais minuciosa e dedicada com os processos históricos. O leitor, porém, que se satisfaz em definitivo com tal historiografia adquire facilmente uma visão deformada do passado e da atualidade.

In Memoriam *Thomas Mann*[6]

Com a morte de Thomas Mann, extingue-se um dos maiores romancistas e humanistas da nossa época – um homem admirável não só em virtude da sua vasta e belíssima obra e sim, também, graças ao grande exemplo de um alemão que conseguiu superar, em si mesmo, numa luta tenaz, as tendências ideológicas e emocionais que, em nível mais baixo, facilitaram a eclosão do nazismo. Ainda durante a Primeira Guerra Mundial, pregava, com efeito, um nacionalismo tipicamente alemão, de caráter virulento e antiocidental. Durante a II Guerra Mundial, emigrado e naturalizado norte--americano, tornou-se um dos mais violentos adversários do nazismo, combatendo em artigos e rádioalocuções de poder espiritual e verbal quase profético o hitlerismo. Sentindo-se limitado na expressão de ideias moderadamente socialistas, e tendo-se tornado alvo de uma campanha de difamação, retirou-se dos Estados Unidos e radicou-se na Suíça, onde passou os últimos anos de sua vida.

O destino de emigrante deixou profundas marcas na sua obra, a partir de 1933. Embora já tivesse começado a escrever a tetralogia do bíblico José, comunicou desde então ao emigrante José, filho de Jacó – uma das mais belas figuras de sua obra – traços nítidos da sua experiência de emigrante. Imprimiu ao Egito do seu romance certas

6. *A Nova Geração*, n. 7, set. 1955.

características norte-americanas. E o seu José, como provedor de pão, não nega a admiração que Thomas Mann sentiu pelo *New Deal* de Roosevelt (segundo declarações do próprio autor). Na vasta obra de Mann, José é, indubitavelmente, o personagem mais otimista e risonho. Nele, o autor como que condensou todas as suas esperanças humanistas, todas as suas concepções históricas e metafísicas sobre a missão e o destino do homem, ainda que projetadas, de um modo estupendo, contra o fundo de um passado remoto em que o pensamento racional se confunde com o pensamento místico.

A profunda interpretação do *Velho Testamento*, do desenvolvimento da ideia monoteísta e da lenta e difícil elaboração do judaísmo ético, dá a essa obra uma relevância extraordinária para os judeus, mesmo não tomando em consideração a vivacidade romanesca com que é captado o caráter de cada um dos irmãos de José e, particularmente, o da magnífica figura de Jacó e o brilho com que é reproduzido o ambiente social e econômico daquela época.

Thomas Mann, da mesma forma como Goethe, amava apaixonadamente o *Velho Testamento*. Expressão disso é ainda uma pequena novela, chamada "A Lei", em que é narrada a vida de Moisés, o êxodo dos israelitas do Egito e a proclamação dos Dez Mandamentos. Escrita no estilo peculiar de Thomas Mann, naquele misto de simpatia e ironia nuançados por ligeiros traços de uma paródia carinhosa e terna, a pequena obra, no entanto, termina com uma condenação patética, de tremendo impacto emocional, de todos aqueles que violam os Dez Mandamentos. Essa condenação, obviamente dirigida contra a Alemanha nazista, visa de um modo particular a Hitler:

> E quem pronuncia o seu nome que cuspa para todos os quatro cantos e limpe depois a sua boca e diga: "Proteja-nos Deus!" Para que a terra seja de novo a terra, sim, parte das nossas necessidades, mas que ela não seja campo de rufiões. Que todos digam Amém.
> E todo o povo disse Amém.

Um Grande Mulato:
Lima Barreto[7]

Este estudo dedicado a Lima Barreto não é uma apreciação literária da obra de um dos maiores romancistas do Brasil. Tampouco se visa uma narrativa biográfica do homem como tal, como indivíduo singular. O que, antes de tudo, interessa neste trabalho é a análise da personalidade de um mulato culto, isto é, de uma pessoa em certa situação; situação caracterizada pelo fato de, sendo culta, a pessoa não se identificar facilmente com a massa dos homens de cor e, sendo de cor, ela não ser aceita sem certa resistência nas camadas às quais, pela cultura, deveria pertencer. O fator determinante da situação é, portanto, o preconceito de cor que, por mais ligeiro que seja, não pode ser negado após as pesquisas minuciosas feitas por cientistas brasileiros e estrangeiros.

Nenhuma generalização é admissível à base do caso de Lima Barreto, como se todos os mulatos cultos tivessem que desenvolver personalidade semelhante. Tal generalização seria absurda, pois Lima Barreto é um caso extremo. Precisamente por isso, permite estudar, como que sob uma lente aumentativa, certos mecanismos psíquicos que se desencadeiam na situação apontada. Estes mecanismos, sim, são suscetíveis de certa generalização. Influindo na estruturação da personalidade, a sua repercussão dentro dela, no entanto, depende de muitas variáveis. Enquanto se pode, portanto, generalizar, a existência de certos mecanismos resultantes de certas situações, não se pode generalizar as consequências sobre a configuração total da personalidade.

Neste sentido – e apenas neste –, Lima Barreto se apresenta como um caso exemplar, não somente devido a sua extrema sensibilidade, mas também em virtude da rica documentação existente, visto tratar-se de uma personalidade ilustre que, além de ter sido estudada minuciosamente, revela-se nos seus diários íntimos e nas suas obras jornalísticas e de ficção.

7. CI, 15 nov. e 16 dez. 1957.

Dados Biográficos

Afonso Henriques de Lima Barreto nasceu em 1881, como filho de um tipógrafo que mais tarde se tornou administrador de uma colônia de alienados mentais. Aos cinco anos, perdeu a mãe. Era mulato escuro, de "cabelo ruim", neto de escravos. Obedecendo ao desejo do pai, estudou na Escola Politécnica do Rio, é verdade que com êxito diminuto. Quando contava 21 anos, seu pai teve, repentinamente, um ataque de delírio. Afonso, como filho mais velho, viu-se obrigado a dirigir a casa paterna, cuidando do pai enlouquecido e mantendo mais oito pessoas: três irmãos, uma sogra que se ocupava dos afazeres domésticos e que era companheira do pai viúvo, os três filhos dela e um negro velho que fazia parte da casa. Com a pequena renda do pai não podia pensar na continuação dos estudos, de qualquer modo pouco auspiciosos. Felizmente, obteve uma colocação como amanuense no Ministério da Guerra, profissão que lhe inspirava profundo ódio. Já antes, tornara-se colaborador de jornais. Seu primeiro romance (*Recordações do Escrivão Isaías Caminha*), publicado em Portugal, provocou o escândalo desejado por causa da sátira feroz à imprensa brasileira, mas não obteve o êxito literário igualmente desejado.

A vida de Afonso decorreu, monótona, entre o escritório, a "Casa do Louco" num subúrbio do Rio e as confeitarias, redações e livrarias, onde se reunia a "inteligência" da capital. Mais tarde, quando se entregava, após resistência prolongada e tenaz, à bebida, acrescentaram-se tabernas e espeluncas. Instável, desiludido pelos malogros, fazia longas caminhadas pela cidade bem amada, evitando o lar, lugar da sua "tragédia doméstica". O funcionário cedo aposentado afoga os sonhos ambiciosos em bebedeiras que curte dormindo nas sarjetas. Um dos maiores escritores brasileiros de seu tempo, exibe-se em estado esfarrapado e sujo na esquina da rua do Ouvidor, ponto mais elegante do Rio de então. Colapsos hediondos, alucinações, várias estadas, durante meses, em hospícios, transformam os últimos anos de sua vida em inferno. Ele falece aos 41 anos, dois dias antes do pai, em 1922.

Quase todas as circunstâncias trágicas de sua vida refletem-se nas obras: o mulato inadaptado; ambição e fracasso; o efeito paralisador do emprego de amanuense, o vício da bebida, a loucura. Por vezes, Afonso responsabiliza a loucura do pai pelo seu próprio infortúnio. É a "tragédia doméstica" que o teria lançado na miséria econômica, cuja consequência, o vício, somente teria acelerado a desgraça total. Contudo, no fundo – e isso se manifesta claramente na sua obra – atribuiu o seu fracasso ao preconceito que lhe teria impossibilitado o progresso na vida.

A Repercussão do Preconceito

Em que grau se justifica tal suposição? Na medida em que ela se refere à intensa pressão de um preconceito objetivamente verificável, ela certamente é exagerada. A brandura do preconceito no Brasil é conhecida. Numerosos homens de cor conseguiram ascender a posições elevadas, tornando-se "socialmente brancos". Para isso, a melhor prova é Machado de Assis. Sem poder contar com uma situação inicial relativamente favorável como a de Lima Barreto, começando como autodidata e tipógrafo – isto é, na situação do pai de Afonso –, forçou o seu caminho subindo ao alto funcionalismo. Casou com uma portuguesa de "excelente família" e deixou uma vasta obra de grande perfeição. Este mulato – é verdade: mais claro do que Afonso – foi considerado em todos os sentidos como "branco" – expressão que, já em si mesma, confirma a existência do preconceito.

Seja como for, o que importa não é a intensidade do preconceito objetivamente existente, mas a reação subjetiva a tal pressão, por mais suave e mesmo imperceptível que ela seja. "Mon coeur profond ressemble à ces voûtes d'église / Où le moindre bruit s'enfle en une immense voix" (Meu coração lá no fundo parece com esses vultos de igreja / Onde o menor barulho infla-se numa imensa voz – Guyau). Estes versos precedem como epígrafe o romance *Isaías*. Que se julgue a sensibilidade de Barreto como doentia, derivando-a eventualmente da herança patológica paterna – ela não deixa de ser um fenômeno típico, a tal ponto que Euclides da Cunha podia falar do "mestiço neurastênico" da região costeira. As pesquisas mostram que existe uma transmissão social de propriedades neuróticas de geração para geração, por intermédio de pais neuróticos por sua vez educados, na sua infância, num lar psiquicamente instável. Uma pressão, mesmo levíssima, do mundo-ambiente, intensificada pela acústica da família, poderia aumentar de repercussão, de modo a perturbar, cada vez mais, o equilíbrio das gerações seguintes.

Complexo de Cor

A excessiva sensibilidade de Afonso é revelada pelo fato de que já aos sete anos pensava em suicidar-se por ter sido acusado de um furto. Mais tarde, deixa de participar dos trotes e malcriações coletivos, naturais da adolescência, por medo de que a polícia, em caso de quaisquer incidentes, infalivelmente iria apontar precisamente a ele como ovelha "negra". Nos seus diários, manifesta a sua indignação porque, nas repartições, sempre o consideraram – a ele, o escritor e intelectual – como simples contínuo, tratando-o, algo completamente estranho, com o "você" familiar. Sua timidez patológica está intimamente relacionada com aquela "doçura" passiva, qualidade fundamental dos seus personagens de ficção, a qual ele enaltece com fervor e simultaneamente condena com veemência, pois essa cordura é, no fundo, a marca deixada pela escravidão; mas, ao mesmo tempo, é o reverso do que se costuma estereotipar como a "agressividade" do mulato. Trata-se de estereótipos que tendem a atribuir ao mulato um sadomasoquismo semelhante do que Erich Fromm atribuiu ao pequeno-burguês alemão (tais tendências, a serem verdade, naturalmente decorrem de situações sociais e não de qualquer peculiaridade racial).

A timidez de Lima Barreto – tão extrema como o pudor de Machado de Assis – dificultou-lhe o contato com as mulheres. "Nunca amei; nunca tive amor!", confessa. Talvez se pudesse desenvolver, a partir deste ponto, toda a sua neurose. De um conhecido que encontra com a esposa imagina que, ao vê-lo (a ele, Afonso), tivesse pensado o seguinte: "Vê, seu negro, você me pode vencer nos concursos, mas nas mulheres, não". Com orgulho assinala que conseguiu atrair no bonde o interesse de uma italiana: "A minha covardia não permitiu que a seguisse". No entanto, "adquiri uma certeza: embora mulato, os meus olhares podem interessar as damas".

Sua situação peculiar de mulato culto, que o distancia e alheia de "sua gente", manifesta-se na seguinte nota: "Eu tenho muita simpatia pela gente pobre do Brasil, especialmente pelos de cor, mas não me é possível transformar essa simpatia literária, artística... em vida comum com eles". De outro lado, encontra resistência por parte dos círculos aos quais, pela sua cultura, deveria pertencer. É a situação típica do marginal.

Toda a vida de Lima Barreto decorre sob a pressão deste complexo de cor, que não está em nenhuma proporção com o preconceito real. Pouco a pouco, introjeta os estereótipos das "camadas dominantes", falando de uma "mulata vulgar", cheia de arrogância e "chata como um percevejo". Ao pai não perdoa a sua ligação com uma negra, e a si mesmo chama de "mulato desorganizado". Manifestações desta ordem revelam, no desprezo dos irmãos de cor, o autodesprezo e ódio à própria condição, devido à aceitação da suposta opinião dos "brancos".

Finalmente, sucumbindo na luta prolongada de sua suscetibilidade contra a pressão aparente ou real da sociedade, começa a largar as armas (usando-as, contudo, com tanto mais veemência na sua obra). Mesmo neste transe da debandada, orienta-se pelo estereótipo da maioria que lhe indica os rumos da fuga e lhe cava o canal do naufrágio: ele se entrega à bebida, o refúgio de inúmeros companheiros de sofrimento. Adota o comportamento do negro "cachaceiro", comportamento "consagrado" pela tradição.

Exibicionismo

Poder-se-ia supor que Afonso salientasse o preconceito para justificar os seus fracassos. Acusando os seus professores de discriminação, adocicava o malogro nos estudos superiores. Seja como for, para servir de justificativa, o preconceito, por mais leve que seja, deve existir. No caso de uma sensibilidade tão excessiva resulta daí um círculo fatal de malogro e racionalização (a busca de argumentos para justificar os insucessos): esta necessita urgentemente de novas frustrações a fim de ver confirmada como lei o próprio conteúdo dela, isto é, o preconceito. Tal mecanismo, ainda intensificado pelo autodesprezo masoquista, conduz finalmente a uma espécie de entrega voluptuosa aos fracassos – sempre atribuídos a circunstâncias exteriores. Fracassos quase já desejados, como se cada desastre futuro tivesse que justificar os anteriores, e o naufrágio total da vida todos os malogros do passado. O próprio Lima Barreto fala dessa entrega à auto-humilhação. Fazia questão de exibir-se maltrapilho na elegantíssima rua do Ouvidor, principalmente "nos dias em que estou sujo e barbado e a razão é simples. É que sinto uma grande volúpia em comparar os requintes de aperfeiçoamento da indumentária... com o meu absoluto relaxamento".

Também este "exibicionismo" – mesmo na sua inversão – é típico. Não que fosse "em si" uma característica do mulato. Se existe, é decorrência de determinada situação: o mulato "exibicionista" ("pernóstico") ostenta certa elegância exagerada e uma linguagem rebuscada como símbolos de riqueza e cultura, a fim de facilitar sua aceitação social.

O estereótipo do "mulato pernóstico" repugnava a Lima Barreto de tal forma que, quando ocasionalmente cita obras de Bossuet e Descartes, acredita dever acrescentar: "creio não haver a mínima exibição de sabença, ao citá-las aqui".

A passagem "dialética" da afetação espalhafatosa ao seu contrário, ao relaxamento total, é uma reação característica. Fisicamente, Lima Barreto demonstrou-a na esquina da rua do Ouvidor. Espiritualmente, ela foi, na sua obra, de enorme importância literária: deste modo, ele introduziu, numa fase em que ainda predominava a retórica bombástica, uma linguagem sóbria, cuja simplicidade – ainda que raramente chegasse ao relaxamento – desmascarava a *chinoiserie* (complicação inútil e extravagante) de um estilo cheio de pompa. Talvez tenha ido demasiadamente longe no seu esforço de "descoelhonetizar" a língua e de ridicularizar o próprio Rui Barbosa, mas esse seu exibicionismo às avessas de uma linguagem "antiliterária", na esquina grã-fina da rua do Ouvidor, da literatura brasileira, teve efeitos revolucionários e influiu profundamente no modernismo brasileiro.

Lima Barreto e Machado de Assis

Barreto, evidentemente, não "tinha em si a força indispensável a todo homem que põe a mira acima do estado em que nasceu" – como a possuía Machado, autor desta sentença. Mas a luta para chegar a este estado superior é um dos temas fundamentais das obras de ambos. Não há dúvida de que esta luta prejudicou também Machado de Assis. "Precoce e retardado", chama-o Lúcia Miguel Pereira, derivando este fenômeno da sua timidez de mulato. Começando a escrever cedo, somente na quinta década de sua vida – mal alcançada por Lima Barreto – conseguiu evidenciar a sua verdadeira grandeza.

Por mais diversos que sejam os caminhos de vida exteriores de Machado e Afonso, há na obra de ambos coincidências peculiares aos marginais. Em ambos os casos, a obra é uma espécie de ato de vingança contra a sociedade. Ambos praticam desmascaramento, um já de forma violenta, outro ainda de modo encoberto e reservado. Ambos viam, com argúcia extrema, o contraste entre substância e aparência e flagelavam, com ironia frequentemente cruel –

a arma do marginal – as ridicularias do mundo que os fazia sofrer. Ambos devem à sua situação peculiar uma parcela da sua grandeza. Essa situação deu-lhes o "olhar duplo", o de dentro e o de fora, a fim de, amando, compreender, e odiando, desnudar uma sociedade de que ao mesmo tempo faziam e não faziam parte. Lúcia Miguel Pereira acentua que é principalmente a eles que o Brasil deve a maioridade do seu romance, a estes "dois homens vindos do povo, trazendo nas veias o sangue negro".

Conclusões

Os mecanismos exemplificados funcionam, em maior ou menor grau, entre todos os grupos marginais, por exemplo, entre os judeus assimilados, produzindo com frequência atitudes semelhantes: autodesprezo, ódio ao próprio grupo, ironia excessiva, exibicionismo e pernosticismo de variada espécie, agressividade e impulsos de autopunição, sadomasoquismo dissimulado etc. As situações, no entanto, são demasiadamente diversas para que se pudesse levar muito longe semelhante analogia. Seria fácil enumerar fatores históricos de ordem econômica, social e cultural que favorecem os judeus frente aos homens de cor e que explicam a maior estabilidade da personalidade judaica e o seu maior êxito na luta pela ascensão social.

Entre esses fatores, a ciência atual não admite o da suposta superioridade inata de uns sobre os outros, considerados como grupo. As capacidades se distribuem de maneira mais ou menos equivalente por todos os povos e raças. A ascensão social dos homens de cor no Brasil – embora lenta, devido a muitos fatores retardantes – é um processo irreprimível, felizmente em perfeita correspondência com os ideais e normas deste país, no qual o preconceito, ainda que exista, sempre encontrou a mais decidida oposição ideológica e constitucional.

Os judeus brasileiros certamente têm plena consciência de que o preconceito é um só, qualquer que seja o grupo contra o qual se dirige. Sabem que, especialmente para os judeus, seria uma vergonha nutri-lo contra quem quer que seja. Por isso, temos certeza de que nenhum judeu brasileiro se furta a combater o preconceito em todas as suas manifestações, principalmente se dele houver vestígios no próprio grupo. Este combate não corresponde somente aos seus próprios interesses, mas aos preceitos mais elevados da religião e moral judaicas.

Denúncia, Advertência e Apelo[8]

Tanto já se escreveu sobre o preconceito racial e religioso, tão vasta é a literatura sobre os problemas de discriminação – manifestação aberta de preconceito – e sobre as consequências nefastas deste flagelo que seria quase uma descortesia para com os leitores da *Crônica* estendermo-nos sobre este assunto. É difícil imaginar possa haver alguém, entre leitores judeus, que não tenha conhecimentos acerca da questão, senão por leitura e estudo, ao menos por experiência, reflexão e sensibilidade próprias. É verdade, "There are more things in heaven and earth, Horatio / Than are dreamt of in your philosophy" (Há mais coisas entre o céu e a terra, Horácio / Do que imaginou sua filosofia).

Seja como for, não parece necessário repetir que as consequências para as vítimas do preconceito, mesmo quando não deflagra nas formas mais agudas da discriminação e da violência, são lamentáveis. Ainda nas suas exteriorizações sutis e quase imperceptíveis ele é causa de terríveis devastações psíquicas e sociais.

Entretanto, vítimas do preconceito não são somente os grupos visados por ele. Também os seus portadores são

8. CI, 16 ago. 1968. Publicado com a seguinte introdução de Alfred Hirschberg: "é para nós motivo de satisfação que com esta contribuição Anatol Rosenfeld retorne ao quadro de colaboradores da *Crônica Israelita*, em cujas colunas, por assim dizer, ele iniciou a sua carreira de jornalista e crítico no Brasil, que o levou até os mais altos píncaros do mundo das letras brasileiras.

vítimas, muitas vezes sem sabê-lo. A patologia do indivíduo e dos grupos que se deixam contagiar pelo preconceito foi brilhantemente descrita por Sartre, em *Reflexões sobre a Questão Judaica*, bem como na famosa obra de Wiesengrund Adorno e colaboradores sobre *A Personalidade Autoritária*. Um grupo, ao admitir que o preconceito se alastre entre os seus membros e *tome feições agudas*, chegando mesmo a animá-lo para nutrir um sentimento grupal mais vigoroso e para reforçar o *Wir-Gefühl*, o espírito do "Nós" em face dos outros, entra num processo patológico de resultados calamitosos. Exemplo flagrante é a Alemanha nazista. Nos Estados Unidos o preconceito criou problemas complexos que tendem a se agravar. Mais funestas serão as consequências na África do Sul e na Rodésia. Surpreende a cegueira desses Estados africanos que acreditam poder manter, a longo prazo, uma situação de discriminação abominável contra imensas maiorias, num mundo em rápida mudança. Ocorre a teoria da *self-fulfilling prophecy*, da profecia que se autorrealiza: a minoria branca, receando ser esmagada pela maioria dos negros, cerca-se de medidas de proteção desumanas que, aguçando o conflito, levarão por fim precisamente às consequências que se queira evitar. Na sua peça *Andorra*, Max Frisch demonstrou o efeito pernicioso do preconceito principalmente entre aqueles que são portadores dele. Não se trata sempre de casos tão evidentes e maciços como os men-

Por sinal, acabamos de receber um volume recém lançado, *História do Teatro Alemão*, de Anatol Rosenfeld, que demonstra uma vez mais os vastíssimos conhecimentos do autor no campo das letras.

Anatol é um homem que não gosta de transigir na expressão de suas ideias e convicções, do que é prova o artigo que se segue.

Ele não vive tão próximo da vida judaica organizada e julga, pois, de uma perspectiva mais distante, que por vezes pode distorcer a imagem e o fato. Nós, que sem exagero podemos afirmar que há pouca coisa na vida da coletividade que nos escape, cremos que não se justificam as generalizações feitas na última parte do artigo.

Talvez que a acerbidade da crítica sirva como 'advertência e apelo' para aqueles que não tenham a resistência suficiente a preconceitos subconscientes, mas sentindo que há alguém que observa e expõe, ajam com mais controle futuramente".

cionados. Também nas suas formas atenuadas o preconceito exerce um efeito sutilmente corruptor entre os que o nutrem. Leva a uma lenta estupidificação e a um círculo vicioso de atitudes de má fé, de mentiras, racionalização, autojustificações, hipocrisias de profundas consequências morais, além de distorcer a visão da realidade, focalizada a partir de ideias fixas e valorizações viciadas. É perfeitamente razoável que um grupo se sinta diferente de outro; porém isso não justifica a tendência de se sentir superior a outros grupos ou a indivíduos que pertencem a esses outros grupos.

É desnecessário dizer que também os judeus, exatamente como todos os outros grupos, são suscetíveis ao preconceito (a despeito dos conhecimentos e experiências acima pressupostos). Vítimas enquanto visados por ele, muitas vezes o são também enquanto portadores, visando outras comunidades. É por isso que este artigo teve de ser escrito. Sabe-se que nos Estados Unidos grandes organizações judaicas estão lançando campanhas para melhorar as relações entre a população judaica e a de cor; relações muitas vezes precárias, em parte por culpa dos judeus. Infelizmente, temos informações de que também aqui ocorrem alguns poucos casos de discriminação contra outros grupos, por parte de judeus. Confessá-lo e difundi-lo é um dever absoluto.

Pouco se pode fazer contra o fato de que grande número de indivíduos, entre eles também judeus, está imbuído de preconceitos contra outras comunidades. As razões são complexas, de ordem histórica, psicológica, social, econômica e religiosa. Só um trabalho tenaz e prolongado de educação, no fundo, porém, somente mudanças amplas, poderiam ter, talvez, alguns resultados. O que se pode, todavia, desde já, é não só pedir e sim exigir que tais indivíduos, judeus ou não, se abstenham de discriminações abertas; abertas por mais que costumem ser mascaradas pelos mais diversos pretextos e justificações pelos mais diversos argumentos. Quem discrimina geralmente conhece a lei que pune tal procedimento ou sente a censura da sua consciência moral (a própria lei, de resto, prova a existência dos preconceitos). Por isso mesmo, tais indivíduos recorrem em geral a evasivas e a manobras variegadas para se protegerem, a si e a sua "delicada" consciência. Conhecemos tais artimanhas.

O grupo judaico precisa precaver-se. Combatendo o preconceito contra os judeus deve combater, da mesma forma, o preconceito contra quaisquer outros grupos; e deve combatê-lo também e sobretudo enquanto se manifesta nas próprias fileiras. Todavia, a luta contra o preconceito, como já foi dito, é exatamente difícil. Poucas pessoas haverá que estejam completamente livres dele. O próprio autor destas linhas não se considera puro neste sentido, embora procure ao menos tornar-se consciente de predisposições e reservas quase inconscientes e encobertas, para eliminá-las através de um constante autocontrole. O apelo deste artigo não se dirige totalmente a todos os preconceitos, mas principalmente contra aqueles que discriminam abertamente ou chegam, até em conferências, a manifestar, além de um etnocentrismo infantil, preconceitos abertos contra outros grupos.

Não podemos admitir que tais indivíduos, às vezes colocados em altas posições de liderança, externem livremente as suas taras. O grupo que, de um modo tão terrível, sofreu na própria carne as consequências do preconceito e que tão bem conhece a face abjeta dos que o sustentam e propagam deve exigir de seus membros senão, em todos os casos, sensibilidade moral e bom senso, pelo menos correção de comportamento e disciplina suficiente para se abster de atitudes abertas que só podem produzir malefícios, visto o comportamento de alguns poucos elementos, principalmente quando negativo, ser atribuído muitas vezes ao grupo inteiro. Que saibamos, não existem pesquisas sobre os preconceitos cultivados entre os judeus brasileiros. Deve-se supor que não seja pequeno o número das que de algum modo alimentam prevenções, reservas e disposições pouco favoráveis a outros grupos, à semelhança do que ocorre nos grupos de ascendência lusa, italiana, alemã etc. Todavia, o número dos que, entre os judeus, adotam um comportamento franco e abertamente discriminatório é provavelmente insignificante. Ínfimo mesmo. A grande maioria deve manter-se vigilante. Não deve permitir a estes raros indivíduos que a ponham em perigo com os acessos da sua enfermidade. Visto que se trata de doença altamente contagiosas, convém isolá-los.

3. ISRAEL E A QUESTÃO PALESTINA

A Questão da Palestina[1]

Se em qualquer parte do mundo um árabe palestinense, um judeu sionista e um inglês, todos de mediana cultura, se encontrassem, desenvolver-se-ia seguramente a seguinte discussão:

O ÁRABE (*ao Judeu*): Vivemos há vinte séculos na Palestina, nunca abandonamos esta terra, somos os seus legítimos donos. Agora, de repente, vocês querem tomar conta dela. É um roubo.

O JUDEU: Vivíamos na Palestina antes de vocês, nunca saímos de lá inteiramente, pois sempre havia judeus na Palestina, às vezes algumas centenas, às vezes dezenas de milhares, e agora estamos lá como sempre, só que agora preten-

---

1. JSP, 8 e 9 ago. 1947.

161

demos fazer da Palestina a nossa pátria e aumentar o número dos nossos habitantes. Não foi espontaneamente que uma grande parte dos judeus abandonou a sua pátria, mas devido ao poder de Roma, que nos expulsou. Quanto a vocês, é sabido que ocuparam a Palestina somente no século VIII, penetrando lá ao avançarem da península árabe, de passagem para a África e a Espanha.

O ÁRABE: Mas desde aquele tempo, vivemos na Palestina; somos a absoluta maioria e, contudo, não fomos consultados quando os ingleses se arrogaram o direito de conceder a vocês, por intermédio da "Balfour Declaration", um "Lar Judaico" numa terra na qual, afinal de contas, nada tinham que procurar, a não ser a defesa dos seus interesses imperialistas, inteiramente alheios aos árabes.

O JUDEU: Não temos grande simpatia para com os ingleses (*o inglês acende o seu cachimbo*) – é escusado salientar isso. Mas a nossa situação na Palestina foi legalizada por 52 nações, e os ingleses são apenas os mandatários, encarregados de cumprir aquilo que foi determinado. É preciso considerar também o fato de que a Palestina pertencia, até 1918, à Turquia, e somente depois da vitória dos aliados na Primeira Guerra Mundial, ou seja, depois da derrota da Turquia, a Palestina se tornou um conceito político. Antes, os árabes que habitavam o terreno palestinense nada eram senão súditos turcos.

O ÁRABE: Ajudamos os aliados contra os turcos e não o fizemos para trocar o domínio turco pelo dos ingleses ou dos judeus.

O JUDEU: Foram os próprios delegados árabes, liderados pelo Emir Feisal, que durante a Conferência de Paz concordaram com um futuro Estado árabe, do qual a Palestina iria ser excluída. E esse acordo, como se sabe, foi também negociado pessoalmente entre Feisal e o líder sionista, dr. Weizmann.

O ÁRABE: Concordamos com isso sob a condição de que aos outros países árabes iria ser concedida inteira independência. Tal condição não foi cumprida pelos países imperialistas.

O JUDEU: Mas hoje está quase cumprida. E se não foi cumprida naquela época, não é nossa culpa.

O ÁRABE: E muito menos a nossa...

O JUDEU (*comovido*): Vocês também devem entender a nossa situação. Não podemos continuar vivendo em países cujos povos nos assassinam periodicamente. Não podemos continuar vivendo em função de boas e más situações econômicas, bem vistos nas boas e desprezadas nas más épocas; uma eterna minoria que, de tanto ser perseguida, expulsa e assassinada, já criou complexos psíquicos, deixou de ter uma estrutura socialmente normal e, aos poucos, vai adquirindo precisamente os defeitos que os antissemitas afirmam serem defeitos da nossa raça, embora, obviamente, não exista tal raça. Numa situação tão trágica para nós, vocês deveriam compreender a nossa paixão, a nossa inflexível determinação de voltar à nossa terra...

O ÁRABE: ... de roubar a nossa terra!

O JUDEU: ... de nos fixar, de trabalhar normalmente, como camponeses ou operários e em todas as profissões, como compete a um povo normal.

O ÁRABE: Tudo isso é ótimo. Não nego nada disso. Tudo isso está certo enquanto dirigido à humanidade que, impassivelmente, assiste aos *pogroms*; mas está inteiramente errado quando dirigido aos árabes, a nós que não temos nada com isso e que não pretendemos redimir a culpa de toda a humanidade. Arrumem-se com a humanidade e deixem em paz os árabes.

O JUDEU: Em paz! O que é que vocês fizeram na Palestina? Como um livro pertence verdadeiramente àquele que o lê e não àquele que o tem na estante, assim também a terra é daquele que a cultiva e não do dono que a deixa deserta. Os mais beneficiados por nossa imigração são vocês. Embora em número inferior, pagamos muito mais impostos, que naturalmente contribuem mais para melhorar o padrão de vida dos árabes do que o dos judeus. Mandamos médicos que tratam os doentes árabes, transformamos terras áridas em jardins, reflorestamos o país e melhoramos o clima, construímos usinas elétricas e fábricas de produtos químicos e mostramos a vocês como se trabalha. O operário árabe da Palestina ganha hoje quatorze a quinze vezes mais do que o seu colega e compatriota dos outros países árabes, a mortalidade entre os árabes palestinenses diminuiu pela metade, enquanto no resto do Oriente Médio continua como antes – tudo isso é nada?

O ÁRABE: Se vocês são amigos tão grandes do povo árabe, por que então não empregam árabes, porque proíbem terminantemente o emprego da nossa mão-de-obra?

O JUDEU: É verdade. Não admitimos que os árabes trabalhem para nós a terra, a mesma coisa, aliás, que vocês determinaram com respeito à nossa mão-de-obra. Mais importante para nós é, porém, o seguinte: você bem sabe que meus patrícios são totalmente alfabetizados, e se permitíssemos que colonos árabes cultivassem as nossas plantações, daqui a pouco não existiria nenhum camponês judeu na Palestina, uma vez que é uma tendência natural humana preferir, quando possível, os trabalhos mais leves aos mais pesados. É justamente isso que queremos evitar na Palestina: queremos impedir por todos os meios uma estratificação anormal dos judeus em profissões de distribuição e de transformação, dando ao invés disso preferência às profissões de legítima produção. Opomo-nos à situação existente nos demais países, onde os judeus, devido a circunstâncias históricas, costumam em grande parte tornar-se intelectuais, comerciantes e manufatureiros. São, sem dúvida, profissões muito honrosas, mas a sua preponderância dentro de um povo parece, pelo menos a nós sionistas, sumamente perigosa. Que, em princípio, nada temos contra a mão de obra árabe prova o fato de que colocamos árabes precisamente em profissões mais leves e, aliás, bem remuneradas, aceitando de bom grado comerciários, caixeiros e balconistas árabes. Você não pode negar que os benefícios da civilização...

O ÁRABE: Pare de falar dos benefícios da civilização! Fiquem com eles! Preferimos morrer miseravelmente, ao modo árabe, ao invés de viver na fartura ao modo judaico ou inglês. É um direito nosso de vivermos como bem ou mal entendemos.

O INGLÊS (*despertando repentinamente de sua letargia*): Enquanto vocês discutem, deixem que eu vá contar os meus barris de petróleo.

E assim continua a discussão entre o árabe e o judeu durante horas a fio, e ambos os contendores têm inteiramente razão. Os seus argumentos são excelentes, sutis, engenhosos, são de ordem política, moral, jurídica, histórica – contudo, o dilema continua sem solução.

Conclusão

Parece que todos esses argumentos se desvanecem diante de um simples fato: os árabes vendem terras aos judeus. Eis um fato indiscutível. É inteiramente gratuita a afirmação de certos líderes árabes de que os seus patrícios "são obrigados a transferir a sua melhor terra aos judeus". Não sabemos de que maneira se possa obrigar um homem a vender a sua terra, pressupondo-se que não se encontre nas mãos de credores que o possam arruinar ou que haja interferência de poderes públicos dispostos a desapropriá-la. Nada disso acontece no caso em questão. Existem, ao contrário, proibições a respeito da venda de terra, os ingleses dificultam aos judeus a irrigação, fazendo depender a perfuração de poços de licenças especiais; mas apesar de tudo isso, os judeus adquirem constantemente novas terras. Ora, se eles as compram, deve existir alguém que as vende – aliás a preços extremamente altos. E as terras adquiridas não são absolutamente as melhores, como afirmam aqueles líderes árabes, mas ao contrário representam, em geral, zonas desertas, de maneira alguma aproveitadas, inteiramente áridas, as quais no entanto, graças à aplicação e às pesquisas dos judeus, são transformadas em glebas férteis e ricas.

A essência do problema (como a de muitos outros) é o medo. Medo dos árabes (ou de um grupo de seus expoentes) diante da superioridade técnica e científica dos judeus, com a qual não podem, no momento, competir, medo esse que aumenta na medida em que aumenta o número dos imigrantes israelitas. E o medo dos judeus de ficarem em minoria em face da maioria árabe, situação que aniquilaria todas as esperanças de um lar autônomo e que os deixaria, afinal de contas, em condições idênticas àquelas da dispersão milenar.

Os planos até agora sugeridos para forçar uma saída dessa situação parecem encontrar sérias dificuldades para a sua realização. A ideia inglesa da federalização ou cantonização, constituindo-se regiões árabes, inglesas e judaicas, de certa autonomia, depara-se com forte resistência do sionismo oficial, bem como do lado dos árabes, uma vez que beneficiaria principalmente os ingleses, que ficariam com o poder. A proposta de um Estado binacional, defendida principalmente pela diplomacia soviética, tem adeptos entre certos círculos de esquerdistas judeus e grupos de intelectuais, liderados pelo reitor da Universidade de Jerusalém, dr. Magnes. Esse plano pressupõe, porém, uma paridade quantitativa dos habitantes árabes e judeus, que só artificialmente poderia ser mantida. Alguns círculos israelitas alegam que, uma vez constituído tal Estado, os próprios chefes sionistas se veriam eventualmente forçados a se tornarem antissemitas, impedindo, em caso de novas perseguições em qualquer parte do mundo, a imigração dos seus correligionários. A terceira proposta, apoiada principalmente por importantes líderes sionistas, como o dr. Weizmann, Ben Gurion, Nahum Goldmann, é a da partilha em dois Estados. No seu depoimento perante a Comissão de Inquérito da ONU, disse Weizmann:

A divisão e a independência das partes divididas é a única solução possível do problema da Palestina ... porque ela é definitiva... Divisões estão em moda atualmente. Também a Índia está sendo dividida. Lá se pode fazê-lo com uma faca. Quanto a nós, precisamos de um microscópio.

Tal solução, no entanto, não somente é combatida pelos árabes, como também por grupos sionistas, especialmente pelos comunistas. Na prática, seria sumamente difícil e perigoso executar tal partilha que, feita de que maneira for, sempre produziria ressentimentos de ambos os lados, preparando assim o terreno para futuros conflitos. Outro plano, recomendado por muitos sionistas, é a continuação do mandato por um fideicomisso das Nações Unidas (pressupondo-se, para usar a expressão do dr. Weizmann, que se jogue o "Livro Branco" dos ingleses ao lixo, pois esse documento, inteiramente oposto ao sentido do mandato, por impedir a imigração israelita, destruiu a base legal do domínio britânico na Palestina). Os grupos extremistas entre os israelitas (revisionistas, Stern, Irgun Zvai Leumi), finalmente, batem-se pela proclamação imediata do Estado judaico, com plena independência, considerando os ingleses como simples intrusos e chamando o exército britânico na Palestina de um bando de *partisans* ilegais; essa proclamação extremista iria ser cimentada através da imediata imigração de judeus deslocados em número suficiente para conseguir uma maioria israelita na Palestina. (Calcule-se que há, no momento, cerca de 750 mil judeus – oficialmente apenas 650 mil – e cerca de 1,3 milhão de árabes na Terra Santa.)

Uma solução, no dilema dos argumentos, uma saída do aparente beco dos planos e das propostas contraditórios somente poderá ser encontrada pelas próprias massas árabes e judias, as únicas que têm interesses legítimos na Palestina. Qualquer que seja o plano finalmente aceito, essa colaboração é indispensável para que possa haver uma solução satisfatória em face dos interesses da política imperialista das grandes potências, com as quais infelizmente estão mancomunados certos líderes árabes, em detrimento do seu próprio povo. Que essa colaboração é possível, já o demonstraram ambas as partes em muitas ocasiões, como por exemplo na construção da Estação Hidrelétrica do Jordão e da Fábrica de Produtos Químicos do Mar Morto. São conhecidas também as relações extremamente cordiais existentes entre camponeses árabes e seus vizinhos judeus, apesar da violenta contrapropaganda do mufti, reforçada por terroristas árabes que assaltam os seus próprios patrícios. Ainda recentemente, foi comprovada essa camaradagem por ocasião do assalto à cidade de Acre (4 de maio de 1947), da qual foram libertados, por grupos judeus apoiados por árabes, aproximadamente 150 prisioneiros políticos árabes e 84 prisioneiros judeus. Como se sabe, três dos assaltantes judeus foram, há poucos dias, enforcados, medida sumamente infeliz que provocou medidas igualmente infelizes por parte do Irgun. Ninguém deixará de reconhecer a situação extremamente delicada e difícil dos ingleses, mas ninguém os impede de entregar o mandato a um fideicomisso. Parece-nos justificada a expressão do líder sionista Krelenboim: "Somos contra o terrorismo do Irgun, mas somos ainda mais contra o terrorismo do Livro Branco, que é a causa de tudo".

Se houver colaboração entre árabes e judeus, não obstante as interferências sutis de potências estranhas ao país, então qualquer proposta solucionará a questão palestinense. Não havendo essa colaboração, não adiantará nenhum plano. Ambos os povos continuarão a ter excelentes argumentos para provar que a razão está inteiramente do lado de um ou do lado do outro. E enquanto isso, dominará uma terceira potência que nada tem que ver com o petróleo.

A Consolidação do Estado de Israel

Um correspondente de guerra, ao perguntar a um alto oficial do exército israelita de que maneira a jovem organização militar judaica conseguira aprender tão rapidamente a manter-se no campo de batalha, recebeu a seguinte resposta: "Aprendemos por correspondência".

Embora se trate, obviamente, de uma anedota, não se pode negar que ela ressalta um fato característico. O êxito das tropas israelitas contra os valorosos soldados árabes não decorre de maior experiência ou de grandes tradições militares, mas de excelente preparo teórico dos seus oficiais e soldados rasos. É importantíssimo o papel desempenhado pela Universidade Hebraica de Jerusalém, tanto no terreno técnico-científico, como no terreno sanitário, campos em que os exércitos árabes se ressentem de graves falhas. É graças a certas invenções de cientistas israelitas que as forças judaicas, então totalmente desprovidas de armas antitanques, conseguiram paralisar uma das duas colunas de tanques do exército transjordânico, enquanto a outra se atrasava por causa das lutas na cidade velha de Jerusalém.

Todas as forças do jovem Estado, hoje reconhecido pela maioria das nações do globo, se dirigem agora para a paz e para o trabalho construtivo. Depois de eleições democráticas, reuniram-se a 14 de fevereiro, em sessão solene, os 120 membros do parlamento, a primeira Assembléia Constituinte na longa história do povo judeu.

Eleito presidente pela Assembléia três dias mais tarde, o dr. Chaim Weizman fez a sua entrada em Jerusalém a 17 de fevereiro, escoltado por formações do exército, da marinha e da força aérea e saudado, entusiasticamente, pelo povo acumulado nas ruas da velha cidade.

"É grande a responsabilidade que pesa sobre mim", disse o presidente. "Mas eu sou humano e moral, e poderia falhar na minha missão. Se tal coisa ocorresse – Deus não o permita –, peço a todos que não me julguem um homem de má vontade".

Palavras humildes de um homem que lutou durante toda a sua vida para tornar possível este momento e que conhece perfeitamente os problemas com os quais o novel Estado se defronta na sua posição intermediária entre o mundo oriental e ocidental.

Geograficamente ligado ao Oriente, é o povo israelita da Palestina, na sua maioria esmagadora, profundamente impregnado dos valores espirituais do Ocidente. Decorrem daí grandes tarefas e grandes possibilidades. Relações pacíficas e cordiais entre os povos árabes e o povo hebraico, aqueles e este portadores de elevadas tradições culturais, poderiam, através de um fecundo intercâmbio, contribuir para uma nova florescência daquela histórica região do globo.

A Realidade de Israel

Ultimamente, o Estado de Israel é assunto constante do noticiário da imprensa. Abundam as informações prestadas por viajantes e comentaristas que difundem as suas impressões, muitas vezes superficiais, e os seus juízos, muitas vezes apressados. Pode-se dizer a respeito de Israel que reina certa confusão, não por falta de informação, mas devido à grande quantidade delas.

É evidente que há lados escuros no quadro geral do novel Estado. A nenhum viajante pode escapar o fato de que Israel atravessa uma grave crise econômica e outras crises menores nas várias esferas da vida cultural. É esse aspecto que mais abertamente chama a atenção do turista a quem, geralmente, impressiona mais o lado exterior das coisas, uma vez que não costuma ter tempo para entrar na análise fundamental da realidade israelense. Assim é que se formam as opiniões daqueles que só veem as árvores e se esquecem da floresta.

A realidade de Israel somente pode ser entendida como uma totalidade. Verificar-se-á, então, que as sombras impressionantes nada são a não ser consequência de um tremendo dispêndio de energia numa das maiores migrações jamais sustentada por tão poucos em tão pouco tempo. Uma população de 650 mil habitantes recebeu, em quatro anos, uma corrente de 750 mil imigrantes, o que, reduzida à média diária, dá o enorme algarismo de 520 imigrantes por dia, por todos os dias de quatro anos consecutivos!

Há vários anos, quando Max Nordau esboçava um plano destinado a transferir duzentos mil judeus para a Palestina, os realistas se riram dessa utopia de um escritor não familiarizado com os fatos. O próprio Nordau calculava que a metade desses imigrantes iria voltar aos seus países de origem, enquanto, do resto, boa parte morreria de fome. Ao invés de duzentos mil, imigraram 750 mil judeus, número que cresce mês a mês. No entanto, ninguém morreu de fome e o número daqueles que voltaram aos seus países de origem, ou que tenham, de qualquer modo, abandonado o país, incapazes de se adaptarem às novas condições de vida, é de dezoito mil, isto é, cerca de 2,5 por cento. Comparado com a porcentagem dos italianos que voltaram dos Estados Unidos à sua pátria – e que é de dezoito por cento –, trata-se de um número insignificante que desmente a "utopia" pessimista de Max Nordau.

Duzentos mil desses imigrantes vieram de campos de pessoas deslocadas, mais, portanto, do que todos os outros países em conjunto receberam. É evidente que se trata, em boa parte, de pessoas física e moralmente desajustadas, cuja adaptação à vida normal requer cuidados especiais e grande paciência. Da Romênia, vieram 120 mil; da Polônia, 110 mil judeus, não se falando do grande número de judeus orientais, parte dos quais teve de ser transferida numa gigantesca operação aérea para escapar à ameaça iminente de sofrer perseguições implacáveis.

É preciso entender que muitos desses elementos de origem e formação desiguais, parcialmente de preparo profissional inadequado às necessidades de Israel, têm de passar por um processo de reeducação e transformação completas, processo que está em pleno desenvolvimento, com resultados surpreendentes. São esses os homens que, assim transformados, transformam, por sua vez, o país, desviando rios, desbravando regiões, fazendo jorrar água nos desertos, drenando os pantanais, limpando zonas infestadas de paludismo, construindo estradas e estabelecendo, em ritmo acelerado, colônias agrícolas. Os famosos pântanos de Hula, há séculos considerados invencíveis, já estão quase saneados, depois de quatro anos de um labor heróico. Em mais de cem anos, os turcos e ingleses construíram 500 km de estradas; o novo Estado de Israel, em apenas quatro anos, construiu mais de 600 km, levando a civilização a zonas desertas e quase inacessíveis. Em quatro anos foram construídas residências para cerca de 450 mil imigrantes. O número de operários empregados nas indústrias subiu de oitenta mil para 120 mil. E o deserto de Neguev, que representa mais da metade do país, está se tornando uma zona povoada graças ao estabelecimento de numerosas colônias agrícolas e aos gigantescos projetos de irrigação que se encontram em plena realização. Atualmente, vivem naquela região, até agora considerada inabitável, cinquenta mil israelis, número que ascenderá futuramente a centenas de milhares.

Famosos geólogos e pesquisadores ingleses afirmaram que o Neguev não contém riquezas minerais de nenhuma espécie. Contra isso só havia uma única evidência: as indicações da *Bíblia*, na qual se lê que a Palestina é um país rico em ferro e cobre. Quem está com a razão é a *Bíblia*, não os cientistas ingleses. Descobriram-se no Neguev fosfatos, cobre, ferro, manganês e caulim, e há boas razões para supor a existência de petróleo.

A obra mais importante, contudo, entre todas as grandes realizações do novel Estado, é a revolução social, ainda em pleno desenvolvimento, graças à qual um povo de estrutura desequilibrada, devido à sua situação muitas vezes anormal na Diáspora, reencontra a sua normalidade na justa distribuição das profissões e ocupações, criando do nada classes de camponeses e operários e integrando uma legião de deslocados e desajustados na vida produtiva da nação. Nos quatro anos da existência do Estado, foram criadas trezentas novas colônias agrícolas, mais do que nos setenta anos anteriores. De quatro em quatro dias surgia uma nova colônia, enquanto antigamente se estabeleciam quatro colônias por ano. A extensão da área cultivada quintuplicou-se desde a fundação do Estado. O número de tratores subiu de setecentos para 3,9 mil, plantaram-se 28 milhões de árvores e, apesar do enorme esforço aplicado ao lançamento das bases materiais da vida israelense, não são negligenciadas a educação, a vida cultural e a segurança da nação. O número de escolas cresce simultaneamente com o aumento da população, e embora haja dificuldades em se encontrar professores adequados, não há nenhuma criança em idade escolar que não frequente as escolas; não há analfabetos; cresce o número dos *ulpanim* – escolas especiais para adultos, destinadas a facilitar aos novos imigrantes a adaptação e a aprendizagem da língua hebraica. O número de jornais e de edições e tiragens de livros é, proporcionalmente ao número de habitantes, o maior entre todas as nações do globo.

Um forte exército, equipado com armas modernas e cuja manutenção infelizmente exige grandes sacrifícios, garante ao mesmo tempo a segurança do pequeno país. Visto, porém, que o Estado não se pode permitir a manutenção de tantos jovens em situação improdutiva, faz-se o possível para aproveitar as forças armadas na vida econômica do país. Assim, os soldados trabalham, criam novas colônias agrícolas e desempenham até funções de *nurses*, cuidando de inúmeras crianças.

Apesar dos grandes esforços, o que resta a realizar supera de muito o já atingido. Serão necessários tremendos sacrifícios para manter o ritmo do desenvolvimento geral e para vencer a grave crise econômica que Israel está enfrentando atualmente. No entanto, quem vê somente aspectos parciais de Israel – e particularmente os lados negativos –, pode ter registrado fielmente os fatos sem deturpá-los; apesar disso, não terá dito a verdade. Pois a verdade – já o dizia Hegel – está no todo e não nos aspectos parciais; e é somente levando em conta a totalidade na sua estrutura essencial que podemos entender os fatos e circunstâncias isolados.

Uma Utopia Que Se Tornou Realidade[2]

Aproveitamos a estada em São Paulo de um diretor da campanha em favor da Histadrut (Federação Geral dos Trabalhadores Judeus na Palestina) para colher algumas informações sobre a situação palestinense. O sr. M. S. – que, aliás, é oficial do exército americano – passou grande parte de sua vida numa colônia coletiva da Palestina. Percebe-se que é um camponês e que não faz questão de ser outra coisa. No hotel de luxo em que, por motivos de representação, foi forçado a hospedar-se, parece um leão numa loja de louças. Contudo, é um camponês de tipo especial, um camponês que é ao mesmo tempo um intelectual. "Criamos nos nossos coletivos um dos melhores tipos de camponeses: homens que sabem trabalhar na terra sem que, por isso, se tornem espiritualmente peões". A Histadrut é uma organização de tendência esquerdista, é socialista na acepção geral da palavra, mas não tem linha partidária rígida.

Estamos em constante evolução. Tiramos do marxismo o aproveitável, mas não somos dogmáticos. Creio que os nossos coletivos são exemplares e que nem na Rússia se encontra coisa semelhante. Até um certo ponto somos "materialistas". Ser materialista é, hoje em dia, um sinal de idealismo. Damos uma imensa importância aos fatores materiais – isto quer dizer que queremos humanizá-los. A palavra "materialismo" tornou-se um fantasma para crianças que a gente queira assustar perfidamente. Um grande escritor disse que o materialismo pode ser muito mais espiritual e muito mais religioso do que qualquer orgulho sentimental e hipócrita em face dos fatores materiais. Somos, além disso, egoístas. E é por isso que somos decididamente contra o terrorismo na Palestina, contra essa política emocional de crianças inconscientes que não sabem o que querem, que nada fizeram, nada planejaram e que põem em perigo aquilo que, durante dezenas de anos, construímos. Não morremos de amores pelos ingleses. Temos muito mais gente e uma mão mais segura para atirar do que os rapazes do Irgun, pois não obedecemos aos nossos impulsos, mas se for necessário, combateremos os nossos próprios irmãos transviados para acabar com essa política terrorista.

2. JSP, sem data.

174

A respeito dos árabes, pronunciou o sr. M. S. uma pequena conferência, recorrendo ao material estatístico que, em pleno restaurante, tirou dos bolsos:

A massa árabe não tem nenhum interesse em nos combater. Provo isso com um pequeno exemplo que posso documentar estatisticamente. O Oriente Médio é, por assim dizer, um mar de doenças dentro do qual a Palestina é uma ilha da saúde. Oitenta por cento dos habitantes do Iraque sofrem de malária, tracoma ou tifo. Seis por cento da população do Egito é cega devido ao tracoma. Nessa região, excetuando-se a Palestina, morrem duzentas crianças sobre mil que nascem vivas. Há cidades no Iraque em que morrem no primeiro ano trezentas crianças em cada mil. A ilha de saúde é a Palestina nesse mar de miséria: ela foi criada nas últimas décadas pela influência dos judeus que introduziram técnicas modernas de combate às doenças. A organização mais importante nessa luta é a Histadrut, que age através do Kupat Holim, fundo para operários doentes. Instituições judaicas gastaram em 1945, 10,8 milhão de dólares – muito mais do que o governo inglês – em serviços de saúde que beneficiam igualmente árabes e judeus. Em 1944, gastou o Kupat Holim, sozinho... 4,576 milhão de dólares, sendo que a Inglaterra contribuiu com 2,4 mil dólares, ou seja, com 0,05 por cento. Em 1944-45, existiam na Palestina 2.257 médicos judeus, 210 médicos árabes (desses, 125 eram árabes cristãos) e 53 médicos europeus cristãos. De todo esse número, o governo inglês empregou 53 médicos árabes, dezessete judeus e doze ingleses, num total de 82. Na Transjordânia, encontram-se oito médicos para uma população de trezentas mil almas, proporção que não mudou desde 1933. Existem vastas regiões rurais totalmente árabes onde médicos do Kupat Holim representam o único serviço de saúde ao qual essas populações abandonadas podem recorrer. É graças ao serviço da Kupat Holim, principalmente, que baixou, nas duas últimas décadas, a mortalidade infantil na Palestina. Durante esse período, caiu a mortalidade geral de quatorze para sete sobre mil judeus, e de 28 para dezessete sobre mil árabes. A mortalidade infantil baixou de 113 para 44 sobre mil judeus e de 192 para menos de cem sobre mil árabes. A incidência do tifo foi reduzida de 5,3 sobre mil, em 1935, a 0,8 em 1945.

Esse exemplo é típico. Não é preciso mencionar que o padrão de vida dos operários árabes tornou-se o mais alto no Oriente Médio. Esses árabes são os nossos irmãos e os feudais árabes são tanto os nossos inimigos quanto do proletariado árabe. O problema essencial será a educação das massas árabes analfabetas.

O entusiasmo do sr. M. S. torna-se contagioso logo que começa a falar sobre o "seu" coletivo (que é uma espécie de sua propriedade sentimental):

Meu coletivo chama-se Ein Harod – Fonte de Harod – e foi fundado em 1921. Não existe ali propriedade privada dos meios de produção. As mulheres trabalham da mesma forma que os homens, as refeições tomamos em ampla sala comum, todos os serviços que não exijam especialização, como por exemplo faxina etc., são feitos por revezamento. Temos 420 vacas e duas mil colmeias, leite e mel. Temos vinte mil galinhas, 150 acres de uvas, duzentos acres de *grapefruits* e 25 acres de frutas variadas. Dois mil acres servem para a plantação de cereais. Temos jardins onde plantamos verduras e legumes. Temos uma bela tipografia, uma fábrica de malhas, uma marcenaria, uma fábrica de máquinas para produção dos nossos próprios instrumentos agrícolas. Temos uma grande manufatura de vestuário, na qual produzimos ternos para homens, de um só padrão, e vestidos para mulheres de doze padrões, mas em variados feitios, pois embora consigamos transformar os homens de maneira perfeita, não o conseguimos (e nem queremos consegui-lo, graças a Deus) totalmente no tocante às mulheres. Temos uma lavanderia a vapor. Temos criações de cogumelos, fábrica de vinho, luz elétrica a diesel, fábrica de conservas. Você há de compreender que não existe entre nós aquilo que é o pesadelo universal: a fuga do campo – ah!, isso não. A mulher, entre nós, goza de plena autonomia. Em compensação, tem de se satisfazer com doze padrões. Há completa igualdade nas relações entre homens e mulheres. Contudo, durante os 25 anos de existência de nosso coletivo, que no início contava com 120 e agora conta com 420 casais, só houve três divórcios e uma criança ilegal. É claro que não conhecemos a prostituição. Tudo isso devido à autonomia econômica da mulher, que só se casa se e quando quiser casar, e não obedecendo à força maior da coação social ou ao medo de ficar "para titia". Transformamos os homens e até as mulheres – diga isso a todos. Aqueles que, durante séculos, viveram em guetos, só conhecendo ruelas e becos sem ar e sem sol, sabem agora o que é uma árvore. Eles sabem como é difícil criar uma árvore: é mais difícil do que criar uma criança, pois esta sabe chorar e aquela é muda. Quando o Ministro Morrison esteve entre nós, ficou estupefato: "O que é que estou fazendo na Inglaterra?", exclamou: "O meu lugar é aqui!"

Diga-me como um povo se diverte e eu lhe direi o que esse povo vale. Quanto a nós, temos uma vasta discoteca, uma biblioteca ótima, um teatro moderno com palco giratório onde funciona também o cinema, temos os nossos atores e atrizes diletantes e recebemos a visita de companhias profissionais. Repare bem: o teatro não funciona dentro do cinema, mas sim este dentro do teatro. Gostamos de dançar. Mas não sabemos o que é beber por beber e não conhecemos jogo de baralho. Não acredite nunca naqueles que dizem que o homem é um bicho ruim. Ele é aquilo que a cultura, a história, a educação e as condições gerais fazem dele. Ambição individual? Há tribos de índios no México em que o indivíduo não sabe o que é ambição e evita cuidadosamente sobressair-se, destacar-se de alguma maneira. Estímulos? O nosso estímulo é o bem comum. Iniciativa particular? A nossa é coletiva e produzimos mais do que aquilo que produzem os agricultores em idêntica situação de braço humano e investimento de capital. Instinto guerreiro, atritos individuais? Os esquimós liquidam esse problema com desafios poéticos. Liberdade? Criamos homens conscientes, cultos, homens autônomos que se submetem de bom grado e espontaneamente a uma lei que eles compreendem e acatam. Achamos que a maior escravidão é aquela de um sistema que obriga o homem a se submeter a uma lei cega – e irracional –, a lei da procura e da oferta. Achamos que um planejamento razoável liberta o homem pela força da inteligência, que humaniza os fatores materiais, pondo-os a serviço do homem. Não digo que tudo seja fácil. Tudo é muito difícil. Trabalhamos arduamente. Planejamos e construímos. Não paramos nunca e aprendemos sempre. Nada podemos fazer quando chega um ser deformado por um mundo irracional e que deseja trabalhar no nosso coletivo. Deixamos que ele fique entre nós durante vários meses. Depois votamos, e se um terço dos nossos for contra a sua aceitação, deploramo-lo e mandamo-lo embora. Quanto às crianças que nascem entre nós, não houve até agora nenhum caso de aberração. A sua educação começa ainda antes de elas nascerem. Depois são educadas em comum por especialistas. Acredite, não há um caso sequer de fuga do campo e o que mais dói é que tenho de me hospedar em hotéis de luxo e percorrer o mundo em obediência à disciplina, mas contra o meu gosto.

O Caso dos Dois Sargentos[3]

Os ingleses, numa demonstração quase patológica de teimosia, acharam necessário a execução dos três jovens

3. CI, 15 ago 1947.

judeus que, no dia 4 de maio de 1947, assaltaram a cidadela de Acre. Tal procedimento, por infeliz e chocante que fosse, revestiu-se porém de uma certa aparência de legalidade. É indiscutível que os três jovens do Irgun eram culpados no sentido estritamente legal de terem atacado a cidadela mencionada; e naturalmente conheciam perfeitamente os riscos aos quais se exporiam por ocasião do ataque.

No caso dos dois ingleses, a situação é diferente. Eram dois ingleses quaisquer, que nada tinham que ver com o caso e cujo único crime era o de serem ingleses e de se encontrarem, por acaso, nas mãos do Irgun. Da mesma forma, poderiam ser executados dois outros ingleses. Quero tornar esta questão bem clara. Caso se provasse que os dois ingleses cometeram, individualmente, um crime contra os judeus, mesmo assim a sua execução não encontraria razões justificativas de ordem legal, uma vez que não há, por ora, um governo e um tribunal constituídos pelo Irgun; porém, nesse caso, haveria pelo menos uma justificativa de outra ordem, digamos de ordem emocional. Também Michael Kohlhaas, a trágica figura de Kleist, tomou a lei nas suas próprias mãos e foi executado. Mas no caso em questão não se deu nada disso. Os dois ingleses eram inocentes. Tratava-se de uma simples troca: qualquer inglês paga com a sua vida pela vida de um judeu.

Ao salientar isso refiro-me a uma questão de suma gravidade. O procedimento do Irgun, mesmo admitindo-se que a sua finalidade foi a de advertir os ingleses no sentido de evitar futuras execuções, significa, em termos filosóficos, a identificação total, pré-lógica e arcaica, do indivíduo com o grupo a que pertence, identificação essa que não reconhece que o indivíduo, além de ser parte do grupo, é uma totalidade autônoma em si. A plena identificação da parte com o todo é um modo primitivo de pensar facilitado pela exaltação emocional. Assim, cada parte torna-se responsável pela coletividade e esta, por sua vez, é responsável por suas parcelas. Para a mentalidade primitiva, a responsabilidade tem caráter inteiramente coletivo, como pesquisas nas tribos mais atrasadas comprovaram. Lévy-Brühl descreve uma das leis dessas tribos: cadáver por cadáver! Não é preciso, porém, matar aquele que matou. É suficiente matar alguém da mesma tribo à qual pertence o assassino. E isto é perfeitamente justo para o pensamento pré-lógico, de acordo com o qual o grupo é organicamente e na sua totalidade imanente em cada indivíduo do grupo. Chegando-se a tal modo de pensar, é justificado apoderar-se alguém das unhas ou de alguns cabelos do inimigo para enfeitiçá-lo ou prejudicá-lo com a aplicação de "macumbas" e de "magia negra" a tais partes do seu corpo que, como partes, representam, prelogicamente, todo o indivíduo. O processo mental, como é óbvio, é o mesmo.

Sabemos perfeitamente quem, em nosso tempo, fez dessa mentalidade um "mito", aplicando-a "praticamente" na execução de reféns, cuja única culpa era a de serem partes de um povo inimigo. Sabemos também que, intelectualmente, o antissemitismo é uma consequência dessa mentalidade, um "mito", aplicando-a "praticamente" a todos os judeus que têm a culpa.

Seria triste se os judeus, em consequência de uma situação triste, que estimula a apreciação emocional dos fatos, incorressem nos erros dos seus maiores inimigos.

4. POLÍTICA INTERNACIONAL

Motim dos Valores Oprimidos

Até hoje, toda a história material era, de um modo geral, uma luta pela posse de energias. Grande parte da humanidade vivia, e vive, escravizada (em 1891, disse o Papa Leão XIII que o "regime individualista impõe à grande massa do proletariado um jugo que pouco difere da escravidão"), para criar, com a energia dos seus braços, a base necessária para a manutenção de camadas ínfimas, das quais uma parcela ainda mais ínfima, em compensação, cria beleza, ciência e filosofia, dedicando-se ao "inútil" e estabelecendo condições para o progresso social que, em essência, não é outra coisa senão a possibilidade crescente da participação de todos nos valores mais altos, "inúteis", imateriais. Comer e procriar são funções fisiológicas inerentes a toda a escala dos seres vivos, do protozoário ao homem; estas funções, porém, tornam-se humanas pelo acréscimo de pormenores delicados e "inú-

181

teis" – pelo tempero, pelos enfeites, pelos talheres –, o que, no terreno da procriação chama-se amor, espécie de tempero e individualização sutil de um impulso biológico: um instinto brutal servido numa bandeja de prata. Esta estilização das relações e comportamentos, também visíveis nos cerimoniais, costumes, modos e modas, estilos, maneiras de cortesia, no pudor e recato, não têm utilidade propriamente biológica, sendo às vezes até biologicamente prejudiciais, porém têm um valor mais complexo, mais amplo e humano: o de facilitar, enriquecer e espiritualizar a convivência social. Da mesma forma, o puramente econômico e útil, que domina em grande parte a nossa vida, deverá estar subordinado ao "inútil" ou espiritual e equilibrar-se com ele, só então podendo servir verdadeiramente à vida humana, só então podendo haver aquilo que João Cunha de Andrade chamou de "a concórdia inadiável entre o *Homo sapiens* e o *Homo faber*".

Na medida em que a evolução das ciências e da técnica vai colocando à disposição da humanidade novas energias e os meios para aproveitá-las, cria ela as condições para a libertação das massas, cuja energia braçal vai-se tornando, em grau crescente, desnecessária. O espírito do capitalismo, com a sua glorificação do trabalho, do sucesso individual, da riqueza material, contribuiu grandemente para esta evolução. A inversão de todos os valores é a característica mais expressiva do capitalismo, isto é, ele faz do meio, do trabalho econômico, da produção de utilidades, o fim da vida humana. E isto de tal maneira que até, ou especialmente, a vida dos próprios capitalistas, daqueles que tanto falam de liberdade individual, de iniciativa particular, de Deus, família, pátria e alma cristãos, torna-se escravizada pelas leis autônomas do capital divinizado. Os representantes do sistema atual assemelham-se àquele anão da lenda, sujeitinho rude e eficiente que, inteiramente ocupado nas suas minas de ouro, resolveu, para maior segurança, prender as suas belas amantes, princesas capturadas, dentro de um harém, numa torre bem alta, para delícia e gáudio de alguns minutos roubados ao labor, sem contudo levá-las a sério ou considerá-las dignas de estima profunda. Conta a lenda que vários escravos que mourejavam numa das minas sob a fiscalização do anão, por feliz ou infeliz coincidência, encontraram um belo dia, num jardim, as amantes desprezadas do senhor, e o mútuo deslumbramento foi tão grande que, desde aquele momento, não houve mais meio para acalmar os ânimos. As rebeliões e motins sucederam-se. Finalmente, com o auxílio clandestino dos próprios eunucos (provavelmente cientistas, artistas e padres que passavam a vida cuidando das verdades divinas), os escravos construíram, com o ouro do senhor, pontes e escadas até a torre e fugiram com as princesas amotinadas.

A ironia da lenda está, obviamente, no fato de que os fugitivos usaram o ouro do senhor para a libertação. Justamente a inversão dos valores dentro do sistema capitalista estabeleceu – de acordo com uma lei que Wundt chamou de "heteronomia dos fins" – as bases materiais para a rebelião dos valores oprimidos e para a sua união com as massas libertadas. Pois a libertação, num sentido coletivo, não pode começar "de cima", mas só na base, nas condições econômicas e psicológicas. Libertar o homem das preocupações materiais, da insegurança, do medo pelo seu futuro e o dos seus filhos, libertá-lo da astúcia mesquinha e de espertezas sujas, libertá-lo de uma competição atroz que acaba sufocando todas as verdadeiras iniciativas – isto quer dizer libertá-lo positivamente, dar a ele liberdade espiritual, tranquilidade, lazer para dedicar-se ao "inútil", ao belo, ao aperfeiçoamento individual e coletivo. O nosso sistema se guia pelo lema: "Tempo é dinheiro" – expressão de um materialismo tão terrível que, comparado com ele, o materialismo histórico é um idealismo etéreo. Futuramente, será necessário aprender que, ao contrário, dinheiro é tempo.

A grandiosa ideia do sábado, concebida em épocas de relativa penúria de bens materiais, a ideia de dedicar um dia inteiro a Deus e ao "inútil", tomará então um aspecto mais rico e profundo. Seguramente, vivemos hoje, ainda, num período em que é preciso estimular com todas as forças a produção de bens materiais e considerá-la como problema primordial, visto que o sistema atual, produzindo embora com ardor e perfeição riquezas, encarrega-se com o mesmo ardor e a mesma perfeição de destruí-las tanto na guerra como na paz, somente para produzir de novo, numa adoração bestificada da produção em si. Quem lê estatísticas sobre a aniquilação sistemática, antes do começo desta guerra, de matérias-primas, rebanhos de gado, colheitas e outros bens produzidos com cuidado e inteligência, enquanto ao mesmo tempo, em plena paz, morreram milhões de homens de fome, fica aterrado ante o gasto de tanta inteligência a serviço de tanta estupidez.

No entanto, este período sem dúvida será superado. É óbvio que um sistema tão absurdo, um sistema que destrói aquilo que produz e não distribui aquilo que resta, não pode sobreviver. Com as energias à disposição da humanidade, num sistema de produção e distribuição racionalmente planejado, o homem do futuro terá lazer bastante para dedicar-se a um trabalho verdadeiramente criador e pessoal. Um trabalho cujo sentido e fim não está localizado fora desse trabalho – aquisição e dinheiro e dos meios para viver –, mas que terá seu sentido em si mesmo. Somente assim o trabalho – criador e "inútil" – adquire uma feição pessoal e produz personalidades que encontram a felicidade ao planejarem, ao fazerem, ao modelarem e ao acabarem obras nas quais eles se expressam. Um dos grandes problemas do futuro, dentro de um sistema que saberá estabelecer um equilíbrio entre a produção de bens e a produção de consumidores, será a educação do homem no sentido de saber viver o tempo livre dignamente, em vez de passá-lo em divertimentos mecânicos e impessoais. É natural que o homem atribulado de hoje procure diversões que o narcotizam e o fazem esquecer-se do próprio "Eu". Os nossos descendentes saberão fazer o tempo, ao invés de matá-lo. O homem moderno, no fundo, tem ódio de si e, por isso, não sabe amar os outros. Por isso procura esquecer-se e matar o tempo. O homem do futuro aprenderá a amar-se a si mesmo, expressando-se, realizando e descobrindo-se, e assim saberá amar, também, os outros.

Um rei egípcio, de nome Akhenaton, também chamado Amenotep IV , e que, como primeiro monoteísta da história provavelmente influenciou Moisés, cantou, há quase 3500 anos, um célebre hino: o "Hino ao Sol", à força divina cuja irradiação cria vida, beleza e perfeição. Essa força "divina" nada mais é que energia atômica. "Teus raios abrangem o mundo", cantou Amenotep. E: "Deus único cujos poderes nenhum outro ente possui". A humanidade, agora, possui esses poderes. "Edificaste os céus distantes para que neles te ergas". O homem tem, no presente, o céu e o sol na Terra. O suposto Deus de Akhenaton está entre nós, oferecendo ao animal mais inteligente e mais estúpido fartura e abundância – os meios materiais, ao menos, para viver mais dignamente.

Não será mais necessário viajar penosamente ao redor da Terra, como o Raphael Hythloday de Thomas Morus, para descobrir a ilha afortunada dos utópicos. Será necessário, apenas, dar um pulinho, num projétil a jato, até a Lua, ou melhor, a qualquer outro corpo celeste que não fique tão perto, para escapar da Terra e da sua atmosfera saturada de odores impronunciáveis.

A Crise da Democracia[1]

1

Ao observador atento não escapará o fato de que, apesar da vitória das Nações Unidas chamadas democráticas sobre o fascismo, a crise da democracia continua, adquirindo feições de uma verdadeira deterioração. Trata-se de processos profundos que é preciso analisar com sinceridade, sem ilusões e sem a leviandade dos democratas "jurídicos". A democracia periga quando está sendo negligenciado o seu princípio essencial: o predomínio do bem comum sobre os interesses de indivíduos ou de grupos particulares. Igualdade de todos perante a lei, liberdade de opinião, de confissão e

1. JSP, 9 e 10 abril 1947.

reunião, predomínio da lei sobre a arbitrariedade, eleições livres e controle público do governo – todos esses princípios tornam-se mera fumaça e forma oca quando aquela causa final, da qual são ao mesmo tempo base e consequência, não é mais a força diretriz ou menos a tendência constante da vida pública. Mas essa decomposição começou muito antes da última guerra: foi ela que possibilitou e estimulou o aparecimento do fascismo. Por mais excelente que tenha sido a constituição de Weimar, ela não impediu, na Alemanha, a terrível barbárie do nazismo. E em condições semelhantes, não impedirá nem a excelente constituição norte-americana nem o democratismo profundo desse povo, que fenômeno semelhante se repita naquela grande república. As instituições democráticas necessitam de radicais transformações. "É preciso exigir e procurar o perfeito, porque do contrário nem alcançaremos o imperfeito".

Essas palavras foram proferidas por Erich Kahler, um dos mais destacados pensadores políticos do nosso tempo. Suas análises e críticas acerbas da democracia atual nasceram do seu profundo amor à democracia. Tão importantes nos parecem as suas considerações em torno desse assunto vital que é dever divulgar alguns dos seus pensamentos publicados em vários números das "Hojas Alemanas", da *Neue Rundschau*, e no livro *Man the Measure*.

Kahler diferencia duas espécies de democracia: a "ativa" da Antiguidade, isto é, a democracia ateniense, em que havia uma participação de todos os cidadãos nos negócios públicos, esfera na qual reinava plena autonomia, ao passo que nas relações particulares o indivíduo era "privado" da maior parte de suas liberdades (*privatus*, em latim, *idiotes*, em grego, são termos que indicam o valor inferior que se atribuía ao indivíduo particular, alheio ao coletivo e essencial); e a democracia liberal da época moderna que, ao contrário, acentua os privilégios do indivíduo particular, negligenciando as obrigações do cidadão. A liberdade não é mais liberdade "para" a participação máxima nos negócios públicos, mas liberdade "de"; liberdade "da" intervenção do

Estado, considerado um mal necessário e cuja atividade deveria ser limitada ao "indispensável". Governar o menos possível é o ideal dessa democracia. O povo realmente não governa mais, apenas controla e tende mesmo a entregar essa função, em grau crescente, aos seus representantes. A estrutura dessa democracia "defensiva" provém da sua origem econômica. O que se queria libertar, na Revolução Francesa, era o movimento econômico; liberdade "de" impostos, "de" regras de corporações, "de" privilégios feudais, "de" limitações de posse etc. E toda essa luta pelos direitos políticos era, na sua essência, um meio para conseguir certos fins econômicos. Sintoma disso é a luta da burguesia por leis eleitorais que a protegessem, ao mesmo tempo, contra os governos monárquicos e contra o proletariado em formação, classe que somente em 1918 conseguiu, na Inglaterra, a introdução do direito igual de voto (ligava-se, tal direito, em muitos países, ao pagamento de impostos, à posse de bens, à faculdade de ler e escrever etc.). Os próprios operários reivindicaram, no princípio, apenas direitos políticos, supondo poder resolver assim os seus problemas econômicos. E, de fato, essa democracia liberal podia funcionar nas fases primitivas do capitalismo, isto é, enquanto ainda havia espaços nacionais, depois internacionais e, finalmente, espaços verticais de intensificação, devido ao progresso técnico e à criação de novas necessidades psicológicas para servirem à expansão econômica de espíritos empreendedores. Havia destarte, no início, uma situação de chance relativamente igual para todos. A ideologia do "caminho livre para o forte" ainda possuía base real, embora na Europa, por ocasião da Revolução Francesa, as posições econômicas principais já tivessem sido ocupadas pela burguesia ascendente, estabelecendo-se assim logo, no velho continente, bases para novas desigualdades.

Essa desigualdade inicial não existia no caso dos Estados Unidos e, por isso, aquele país é um exemplo puro do processo de deterioração das instituições liberal-democráticas. Na América do Norte não havia, por ocasião de sua constituição como Estado, nenhuma estratificação não democrática de épocas anteriores, à semelhança da Europa. Desde o começo era uma democracia, com uma constituição exemplar, cuidadosamente elaborada e pela qual era assegurada a igualdade de todos, a soberania do povo, a proteção contra arbitrariedades, a separação dos três poderes. Infelizmente, trata-se de uma constituição feita para um povo de nem quatro milhões de habitantes, preponderantemente de agricultores em condições econômicas quase iguais, agrupados em pequenos núcleos, em que cada cidadão conhecia não apenas os seus representantes e as suas funções, mas que tinham, também, uma visão correta das questões públicas importantes. Desde aquela época, porém, cresceu imensamente a sua população. Houve imigrações de gente etnicamente diferenciada, formaram-se enormes cidades industriais, os escravos foram libertados, concentrações gigantescas de capitais começaram a exercer a sua pressão. Houve, em suma, uma infinita complicação dos problemas. Ao mesmo tempo criou-se, no campo internacional, a expansão crescente de todos os países industriais, um entrelaçamento técnico-econômico tão denso, um emaranhado tão estreito de todas as relações e uma dependência mútua tão grande que deixou de existir a possibilidade de novas expansões relativamente pacíficas. Fechou-se o espaço de empreendimentos para o indivíduo isolado. Cartéis internacionais, trustes horizontais e verticais formaram-se, a vida complicou-se e o indivíduo impotente, já sem aquela "chance" inicial, vê-se envolvido numa terrível luta pela vida contra forças econômicas que se tornaram independentes e cuja direção escapa das mãos dos homens. O indivíduo perdeu a esperança de progredir num mundo no qual todas as posições econômicas já estão tomadas, sendo que as exigências inadiáveis da vida particular não lhe deixam mais tempo para se dedicar à vida pública, cada vez mais confusa e caótica. O indivíduo tornou-se *privatus, idiotes*.

Esse público, essa massa incidental, sem lugar no mundo, sem passado, sem futuro, sem destino, aniquilada pelo gigantesco aparelho social, com reações irracionais e momentâneas, só conhece perguntas e respostas a curto prazo: é nada mais do que freguês, comprador de divertimento, instrução, leitura e demagogia baratas e superficiais; é tirânica e facilmente satisfeita, histérica, vítima de pânicos, tremendamente desconfiada e facilmente enganada, aberta a todas as sugestões, apenas um parceiro no jogo da oferta e da procura. Há um abismo entre o bem do povo e a procura do público. Isso pode ser visto no nível do rádio, do cinema, dos *best-sellers*, da instrução que se tornou preparação rápida e "eficiente" para a profissão. Da mesma forma, no mercado político o deputado, para ser reeleito, tem de corresponder à procura do público, particularmente quando se trata da procura divergente, mas maciça, dos *pressure groups*. O próprio Executivo, colocado no foco das contradições entre público e povo, entre procura momentânea e necessidade substancial, precisa servir, para assegurar a sua popularidade e existência, aos interesses momentâneos do público e das forças anônimas, sendo simultaneamente forçado, para obedecer ao apelo do foro invisível do futuro e do bem verdadeiro do povo, a manejar esse público e esses *pressure groups* (nisso residia a grande habilidade de Roosevelt), enganando-os pela propaganda, fazendo compromissos ou simplesmente não dando ouvidos às suas exigências. E nesse constante jogo é inevitável que o Executivo quase sempre erre.

Bem se vê que, na base dessa desorganização e deterioração, dessa imensa balbúrdia e confusão está a desumanização do mundo, o predomínio das coisas, do aparelho, de uma economia que escapou à gravitação humana, enquanto o homem, como o aprendiz de feiticeiro de Goethe, procura em vão relembrar-se da palavra mágica para chamar à ordem a sua criação enlouquecida. É ridículo supor que nesse mundo o indivíduo tenha algum valor. É pura demagogia querer conservar esse estado de coisas para conservar uma liberdade que há muito não mais existe. Os próprios representantes do capitalismo liberal e do chamado individualismo

189

econômico deixaram de ser indivíduos autônomos, tendo se tornado escravos de empresas, de "coletivos particulares" cujos interesses desumanizados se chocam com os interesses dos "coletivos gerais", dos povos e do mundo. No futuro, a coletivização crescente será inevitável. Ela é uma consequência irrevogável da técnica e do entrelaçamento universal das relações econômicas causadas pelo próprio liberalismo. Para que, nesse processo de coletivização, não prepondere o irracional, a ambição e a vontade de poder dos coletivos particulares, bem como para que o homem de hoje, sem carne e sem caroço e raiz, totalmente dissolvido em função e atividade vazia e impessoal, se torne novamente senhor das coisas e a técnica venha a servir ao bem comum, aos coletivos gerais, é indispensável um planejamento central. Terminou a época que considerava o Estado uma espécie de guarda-noturno que, de quando em vez, apita nas esquinas e, de resto, lava as mãos. Os governos precisarão governar cada vez mais e, a fim de que nessa situação a democracia sobreviva, será necessário uma participação infinitamente maior e mais intensa dos povos. Eis porque a democracia puramente formal e política tornou-se obsoleta, fachada oca. Os fatores organizados e ao mesmo tempo anônimos da economia adquiriram, no mercado político, um poder muito superior ao da massa difusa dos eleitores. "Os processos essenciais, os acontecimentos vitais, a norma verdadeira da liberdade e da escravidão são hoje de natureza econômica e não política, são de alcance universal e não mais de alcance nacional".

As propostas positivas que Erich Kahler contrapõe, em esboço, a essa análise negativa infelizmente não convencem da mesma maneira que a sua crítica. Além de não oferecerem, propriamente, novidades, ressentem-se elas, a nosso ver, de um oscilar indeciso entre o futuro e o passado, sendo em alguns pontos duvidosas e de difícil realização sem transformações radicais, as quais Kahler parece querer evitar. Assim mesmo, vale a pena enumerá-las, acentuando-se que se trata de um "programa mínimo".

De acordo com Kahler, são três os pontos essenciais: a democracia deve ser: 1. economizada; 2. dinamizada; e 3. universalizada.

1. Representação razoável dos operários e empregados na liderança das fábricas e empresas e participação nas decisões em que os seus próprios interesses estão envolvidos; Criação de um parlamento complementar de ordem econômica. Os *pressure groups*, que hoje exercem uma influência ilegítima e anônima, ficariam destarte organizados, tornar-se-iam públicos e integrariam o governo legítimo, assumindo assim publicamente a plena responsabilidade pelos seus atos. Esse parlamento econômico dependeria de uma lei eleitoral específica, possibilitando uma seleção ascendente e um escalonamento cuja base seria a empresa ou uma seção dela, em que os homens ainda se conheçam mutuamente. Conseguir-se-ia, assim, um ascender sistemático de homens do trabalho ao governo e, periodicamente, um retorno ao lugar do trabalho, havendo por isso um intercâmbio e contato fecundo entre a massa e o governo.

2. A dinamização tentaria criar esses contatos de outra maneira: através da informação sistemática e profunda, de discussões, pela educação e pela colaboração constante no governo. Criação de homens relativamente autônomos, capazes de controlar, verdadeiramente, os negócios públicos.

3. Universalização: codificação dos direitos do homem, incorporada no Direito de todos os Estados e cuja rigorosa execução seria controlada por uma liga das nações, reduzindo-se, ao mesmo tempo, a soberania dos Estados e sufocando-se qualquer tendência antidemocrática no germe. "A democracia, não sendo universal, não é segura em parte alguma".

Os "realistas" naturalmente dirão que se trata da utopia de um bobo alegre, se não perigoso. Vivemos, porém, numa época em que a técnica, repentinamente, adquiriu um patos moral. A imensa materialização e tecnificação da nossa vida transformou-se, dialeticamente, na sua própria oposição e tornou-se um valor espiritual, um constante apelo ao juízo que ainda resta à humanidade. A questão hoje é: Ser ou

Não ser. Na época da bomba atômica (que perdeu a sua atualidade, mas não o seu poder) é "a utopia – a república universal –, a única coisa real. E tudo que até hoje for considerado 'prático' e 'realístico' – soberania nacional, política de potência e o impulso desenfreado dos interesses econômicos –, tudo isso se tornou, hoje, franca 'loucura'".

2

Esses fatores tornam necessárias uma simplificação, esquematização e sistematização das questões principais, um processo de que se encarregaram os diferentes partidos políticos. Tais organizações, indispensáveis para o funcionamento da democracia moderna, estão se transformando, no entanto, no seu maior inimigo. As frequentes eleições levam à criação de grêmios eleitorais que se cristalizam nas conhecidas máquinas partidárias, as quais acumulam uma força enorme pela faculdade de poder distribuir posições e favores, de exercer pressão, de entrar em conchavos secretos etc. E esses funcionários dos partidos e seus candidatos, eles mesmos, começaram a sofrer a coação anônima de grupos capitalistas, dos *pressure groups*, cujos representantes, os *lobbies*, tornaram-se uma verdadeira instituição em Washington, e contra cuja constante presença e pressão junto aos congressistas as missivas, os pedidos, as exigências dos eleitores espalhados pelo vasto país têm um aspecto perfeitamente quixotesco. Dessa maneira, concentra-se o poder real cada vez mais em instâncias ilegítimas e às vezes ilegais. Ao mesmo tempo, desloca-se a gravitação dos negócios públicos definitivamente, passando da esfera prática para a esfera econômica. Os partidos apoderam-se das funções governamentais e grupos econômicos anônimos apoderam-se dos partidos.

É óbvio que, nessas condições, a democracia, forçosamente, tem que fracassar. Não existe mais nenhuma ponte entre governo e povo. Forças particulares, chamadas por ninguém e completamente irresponsáveis, infiltram-se nos negócios públicos, interpondo-se entre governo e povo, usurpando os direitos deste e o poder daquele. É um estado de fascismo latente, e Kahler afirma que é exatamente essa a situação dos Estados Unidos (Kahler, nascido em Praga, naturalizou-se norte-americano e vive agora naquele país), pois o fascismo nada mais é do que a

monopolização do poder por um grupo particular, uma monopolização legítima sem nenhuma aprovação popular, nem por uma longa evolução tradicional, e que se utiliza dos mecanismos da democracia moderna, da propaganda etc., a fim de fortificar o seu poder particular e de levar adiante os seus intuitos particulares.

E o sistema do fascismo é, ao invés de solucionar os problemas sociais e econômicos, desviá-los para o terreno exterior, politizando-os por meio de lutas de raça, roubos e guerras, simplificando-os e personalizando-os através da polarização primitiva e emocional em amigos e inimigos, nações superiores e inferiores etc. A atração enorme que o fascismo exerce provém, em parte, justamente dessa simplificação de problemas complicadíssimos que escaparam inteiramente à ordem humana e que, já há muito, seguem os seus próprios caminhos, incompreensíveis ao homem comum e até aos chefes de Estado. Em virtude dessa simplificação, tomando-se uma parcela dos acontecimentos pelo todo e personificando-a irracionalmente, dá-se ao indivíduo confuso e angustiado um aparente amparo e conforto intelectual e emocional. Tais sintomas de um fascismo latente encontram-se facilmente na América do Norte, não se mencionando outros países. Enormes *pressure groups*, alarmados pelo medo em relação à Rússia, no exterior, e pelo medo das "Uniões" e de reformas sociais, interiormente, ocupam subrepticiamente as suas posições: isolacionismo, imperialismo, antissemitismo, antinegrismo, antiestrangeirismo, identificação da liberdade com a *free enterprise*[2], apelo às emoções, proscrições de todas as forças

2. Sistema econômico no qual as empresas privadas competem entre si sem muito controle governamental.

193

progressistas como não americanas, "exóticas" ou "comunistas", influência do rádio, do cinema e da imprensa, difamação do Executivo e da "burocracia" e, finalmente, as ligações transversais, formadas em silêncio, com as organizações militantes e emocionais, muitas vezes com colorido religioso, de pequenos burgueses – tudo isso nada mais é do que a preparação surda do fascismo, faltando apenas uma pequena pressão no gatilho dessa gigantesca arma dirigida contra a democracia: a crise econômica.

Todos esses fatores contribuem para afastar o povo, cada vez mais, do governo real, justamente numa época em que é preciso governar cada vez mais. Pois a história provou que o liberalismo somente é eficiente em fases primitivas do capitalismo. Hoje, os governos querem salvar o liberalismo pela intervenção contra os trustes e monopólios, isto é, para salvar o liberalismo é preciso intervir no livre jogo de forças, logicamente um perfeito absurdo. Enquanto, pois, o povo deveria, de forma crescente, interferir nos negócios públicos, dá-se justamente o contrário: o povo não apenas é eliminado através de sutilíssimas maquinações que desvalorizam o seu voto, como também, além disso, nem mais é capaz de compreender esses negócios públicos.

E isso não só por causa da complicação das relações hoje planetárias, mas devido à decomposição da própria substância do povo, do indivíduo, do homem, do caráter – e é esse o ponto no qual a crise se torna geral e alcança as bases não somente de uma instituição política, como ainda da própria humanidade ocidental, visto que o povo deixou de ser povo no sentido legítimo, isto é, uma totalidade estruturada, portadora de um espírito geral, objetivo (para usar o termo de Hegel), do qual todas as totalidades individuais até certo ponto participam, uma comunidade composta de pessoas com experiências semelhantes às dos concidadãos com vidas relativamente paralelas, com opiniões relativamente autônomas, lentamente adquiridas e individualmente formadas, pessoas, em suma, que eram plenamente capazes de controlar os seus representantes. A pessoa humana, nesse sentido, deixou de existir, esmagada pela imensa pressão das coisas, do capital, da produção pela produção, da especialização profissional, da imensa oferta de sugestões. E deixando de existir, o povo tornou-se "público", "freguês", ou seja, uma massa amorfa que se agrega num instante para desagregar-se no momento seguinte. As relações tornam-se abstratas, ligando não indivíduo com indivíduo, mas coletivos com coletivos. Rigorosamente especializado nas suas concepções derivadas de sua profissão e classe, o indivíduo é igualmente o reflexo dessa massa constituída a partir de valores apregoados pelo mercado, superficialmente enxertados, que passam a ditar opiniões e sentimentos que têm a cor daquele xarope sintético, de péssima qualidade, fornecido pelo aparelho gigantesco que fabrica tais elementos psicológicos, da mesma forma como, caso fosse necessário, fabricaria chapéus. Esse formidável aparelho de influência das massas, cujo aproveitamento, no futuro, precisará ser colocado em bases solidamente planejadas, ao invés de educá-las para enxergar a realidade e para entendê-la, tornou-se uma indústria da evasão para baixo, de sonhos baratos e adocicados que nem ao menos divertem, afrouxando a tensão da vida, porém que, inversamente, excitam, deixando o indivíduo imprestável para enfrentar a realidade, para raciocinar e para sentir sadiamente. A constante inundação das consciências com "atualidade" priva o homem moderno de toda memória e, consequentemente, de todo verdadeiro juízo.

Fragmentado por interesses particulares e opiniões e sentimentos estandardizados e artificiais, por *slogans* desencontrados, por condensações superficiais, o indivíduo tornou-se um verdadeiro caos de várias personalidades divergentes e contraditórias; e um povo, conglomerado de indivíduos assim perturbados e atomizados, não é mais povo: é um *neutrum*, vago, atual, em suma, público, aquilo que Heidegger chamou de *man*, o *on* francês, aquele abstrato e pálido tudo e nada que se diz gente.

O Embaixador e a Cortina de Papel[3]

1

A ameaça da hora atual é a fragmentação definitiva do nosso mundo em dois blocos antagônicos. Ameaça tanto mais sinistra quanto mais claro se torna que, hoje em dia, dois mundos não podem coexistir num planeta tão apertado como o nosso, em que a interdependência de todas as nações é uma realidade inelutável. Quem diz dois mundos, diz guerra.

Falou-se constantemente de uma cortina de ferro que separaria o mundo ocidental da Europa Oriental. Caso se entenda com isso a interrupção de todas as relações entre as duas regiões, talvez seja conveniente examinar o quadro anexo, que indica o sistema de tratados e acordos concluídos a partir de 1945 entre a Europa Oriental e os países ocidentais.

*   *   *

PAÍS	União Soviética	Finlândia	Polônia	Tchecoslováqu
EUA	E		E	E
Grã-Bretanha	P E	E		C
França	P E		P E C	P E
Bélgica		E	E	C
Holanda		E	E	E
Luxemburgo		E	E	
Dinamarca	E			
Noruega	E		E	E
Suécia	E		E	
Suíça				
Áustria			E	E
Itália			E	
Alemanha Ocidental		E		E

E: Acordos econômicos   P: Acordos políticos   C: Acordos culturais

3. JSP, 30 e 31 jan. 1948.

Ainda ultimamente, foram concluídos novos acordos comerciais entre a Grã-Bretanha e a União Soviética, e os EUA, de maneira alguma, pensam em romper as suas relações comerciais com o seu aliado da última guerra.

Percebe-se, por conseguinte, que a cortina de ferro, na acepção indicada, não existe e não passa de um mito artificial, pois não há laços mais sólidos entre dois países ou regiões do que acordos comerciais. O que existe é uma cortina de papel. Referimo-nos ao papel cheio de tinta de impressão de uma parte menos escrupulosa da grande imprensa internacional, infelizmente muito influente, e de algumas das grandes agências telegráficas. E se falamos da imprensa, referimo-nos tanto à ocidental quanto à oriental. Longe de nós querermos sugerir que o noticiário fornecido pelas grandes agências seja incorreto ou inverídico. Geralmente corresponde aos fatos, excetuando-se os boatos que aparecem em letras garrafais e que são desmentidos através de letras quase invisíveis. O que

Hungria	Iugoslávia	Bulgária	Romênia	Alemanha Oriental
E	E			E
E	E	E	E	
E	E	E	E	
	E			E
E	E	E	E	
E				E
E	E			E
E	E			
	E			E
E	E	E		
	E			E
E	E			E

desejamos salientar é que há, em alguns casos, uma seleção não muito benevolente dos acontecimentos. O funcionamento de uma democracia depende, em alto grau, da informação correta dos cidadãos. Uma informação cheia de omissões não pode ser considerada correta. Os próprios políticos publicam apenas parcialmente o resultado de suas deliberações, impedindo assim a formação autônoma de uma opinião pública conhecedora dos fatos.

Ainda há pouco, Marshall disse: "Sou forçado a dizer que, atualmente, não podemos exibir todos os documentos referentes aos negócios internacionais". Essas palavras de Marshall poderiam ter sido proferidas por qualquer estadista de qualquer parte do mundo. Kant, referindo-se exatamente às mesmas questões, disse, há 150 anos, o seguinte: "Todas as ações cuja máxima não se coadune com a publicidade são injustas. Não existe ação justa que não possa ser publicamente manifestada". O papel do papel é, hoje, de imensa importância. Muito papel com tinta de impressão cria um estado de consciência: por exemplo, a opinião de que existem dois mundos irreconciliáveis. E esse estado de consciência cria uma nova realidade: dois mundos de fato irreconciliáveis. A imprensa pode criar tal estado de consciência tanto por aquilo que escreve como por aquilo que não escreve. O silêncio, às vezes, pode se transformar de ouro em chumbo. Eis o terrível poder da cortina de papel – uma cortina tão poderosa quanto seria aquela de ferro, caso ela existisse. Eis, igualmente, a terrível responsabilidade da imprensa independente e de boa vontade.

Talvez seja ingenuidade nossa supormos que um embaixador seja, entre outras coisas, também um emissário que traz mensagens de países longínquos. Mensagens talvez extremamente interessantes, mormente quando atravessam a cortina de papel. É por isso que nos apressamos em aproveitar a oportunidade de entrevistar o ministro plenipotenciário da Polônia, sr. Wojchiech Wrzosek, por ocasião de sua recente estada em São Paulo. Não fomos lá para ouvir que as relações entre a Polônia e o Brasil são cordiais, podendo, contudo, ser incrementadas; que a impressão deixada pela Paulicéia foi excelente e que as cobras do Instituto Butantã, como de costume, se desincumbiram com brilho de sua tarefa de deslumbrar estrangeiros ilustres; que a Polônia fornece ao Brasil atualmente cimento, papel, *print* e porcelana, podendo fornecer, eventualmente, carvão, zinco, locomotivas, vagões e máquinas têxteis etc., ao passo que o Brasil fornece à Polônia algodão, podendo eventualmente fornecer café, couros, plantas oleaginosas; que escritores como José Lins do Rego, Érico Veríssimo, Graciliano Ramos, Jorge Amado, Raquel de Queirós; poetas como Carlos Drummond de Andrade, Afonso Schmidt e Cecília Meireles; que compositores como Villa Lobos e Mignone não são mais desconhecidos na Polônia – tudo isso é deveras interessante e de grande importância, mas não foi para ouvir isso que fomos ver o ministro plenipotenciário da Polônia.

O motivo foi a nossa angustiosa convicção – convicção generalizada tanto entre católicos sinceros, como entre democratas de todos os credos – de que a atual organização social e econômica do nosso planeta deixou de funcionar e de servir ao homem: a convicção de que um sistema que, apesar da fome quase universal, se vê forçado a queimar, ainda recentemente, centenas de milhões de quilos de batatas, está moribundo. E, para expor o dilema em termos singelos, perguntamos: se o liberalismo econômico agoniza, há então uma possibilidade de salvar as outras liberdades – as liberdades civis e espirituais, liberdades que o nosso sistema nos proporcionou ao menos como promessa e como direito, embora, raramente, de fato – ao menos para a maioria da humanidade?

O fato é que, hoje, não há mais escolha. O *laissez-faire*, *laissez-passer* não existe mais. O liberalismo tornou-se um suicida que constantemente aponta a pistola contra o próprio peito, provocando a constante intervenção dos Estados para salvá-lo de si mesmo, da sua própria autodestruição. Ora, um liberalismo que precisa de uma crescente coação para funcionar, não funciona mais. Na própria América do Norte, o Conselho Econômico da Presidência, ainda recentemente, viu-se forçado a salientar a necessidade de medidas planejadoras para evitar a evolução anárquica dos preços.

No entanto, não é apenas no terreno econômico que o liberalismo se destrói. Invertendo todos os valores, ele recorre, para salvar o *status quo* econômico, à supressão violenta das liberdades civis, os únicos valores cuja defesa ainda justificava a sua híbrida existência. Chegamos ao ponto de verificar que o liberalismo econômico em agonia não admite mais as liberdades civis, entrincheirando-se, acuado, nos terrenos alagadiços de mitos irracionais ou nas cavernas subumanas de governos e ideologias fascistas. Para se manter no poder, trai sem hesitar a sua própria base espiritual.

Verificou-se que o capital acumulado de modo gigantesco, a partir de um dado momento, ao invés de se reverter em benefício da sociedade, adquire a sua própria e destruidora gravitação, aniquilando as liberdades, aniquilando o próprio indivíduo. A partir de um dado momento, o capital deixa de ser um simples fenômeno econômico, transformando-se em poder, o qual entra em choque com outros poderes, causando portanto a anarquia. Em 1938, Roosevelt disse: "A liberdade de uma democracia não está segura se o povo admite o crescimento do poder privado até um ponto em que o mesmo se torne mais forte do que o próprio Estado democrático. Isso, no fundo, é fascismo". É por isso que os Estados se veem forçados a intervir no "livre jogo" da economia. O desastre ocorre porque intervêm desordenadamente, empiricamente, segundo as exigências da situação momentânea. A consequência é uma anarquia ainda maior – é, em suma, esse mundo combalido que aí vemos: um gigantesco organismo em agonia, com os membros gangrenados e os médicos ao redor, em febril agitação, tentando salvá-lo com amputações, tentando reanimá-lo com oxigênio, transfusões de sangue e massagens violentas.

Nessa situação angustiosa, escurecida pela ameaça constante de guerras e levantes sangrentos, qualquer vislumbre de uma transformação e reconstrução pacífica irradia um pouco de esperança. No dia 5 de janeiro, o *Osservatore Romano* escreveu: "Uma vez que desapareça o capitalismo, o cristianismo respirará em uma atmosfera de maior igualdade, capaz de estabelecer a fraternidade entre os homens pregada por Cristo".

Disse recentemente Monsenhor De Provenchères, arcebispo de Aix : "Os cristãos têm uma grande responsabilidade [...] Trata-se para eles menos de se oporem ao comunismo que de vencê-lo no próprio terreno que escolheu, o da elevação das massas, o da transformação das estruturas".

Vemos a Grã-Bretanha, apesar dos graves erros por ela cometidos no terreno da política externa, empenhada em transformar lenta e democraticamente as suas estruturas, sem revoluções e sem sacrificar as liberdades civis, as quais, naquela ilha, apesar da sua situação penosa, gozam no presente de mais proteção do que no clássico país da liberdade, nos EUA.

Eis o motivo pelo qual desejávamos ouvir o embaixador polonês, a fim de que nos dissesse, através da cortina de papel, algo a respeito da transformação pacífica do seu país.

2

"A indústria pesada da Polônia", respondeu o sr. ministro à nossa pergunta:

foi nacionalizada na sua totalidade. Na medida em que pertencia ao capital estrangeiro ou dependia dele, pagamos indenizações, exceto aos donos alemães. Dessa maneira, conquistamos a nossa autonomia econômica. Os donos poloneses foram igualmente indenizados. Esse setor da indústria, a indústria-chave, evolui de acordo com um rigoroso planejamento. Ao mesmo tempo, desenvolvemos em larga escala o sistema cooperativo.

Todavia, deixamos à iniciativa privada um terceiro setor: o vasto campo da indústria leve, na medida em que não transpassa o número de trezentos operários.

Quanto à nossa política agrária, não lhe é desconhecido que todos os latifúndios, ou todas as propriedades que excedam de 50 hectares, foram desapropriados para serem divididos e redistribuídos a pequenos camponeses que se tornaram os legítimos donos das suas glebas. Acabamos com o feudalismo. Repetimos a Revolução Francesa, neste terreno, sem verter uma gota de sangue (Mais de oitocentas mil famílias foram beneficiadas, nestes três anos, pela reforma agrária). O cooperativismo apoia em larga escala esses novos proprietários, fornecendo-lhes os meios mecanizados e motorizados para a exploração racional do solo.

Os resultados da nacionalização da indústria pesada tem sido excelentes. A iniciativa privada, sem dúvida alguma, representou um grande fator na evolução da humanidade e não pensamos em eliminá-la inteiramente como demonstra a minha exposição. No entanto, ela não deve dominar as indústrias-chave, esfera da mais alta importância nacional, que deve ser reservada ao planejamento do Estado. Nesse terreno, a socialização deu melhores resultados do que a iniciativa particular, fato que podemos provar facilmente: depois da Primeira Guerra Mundial, levamos nesse ramo de produção, em regime de indústria privada, seis a sete anos para voltar ao nível anterior à guerra. Agora, três anos depois da última guerra, em regime de indústria nacionalizada, já ultrapassamos o nível da produção de carvão anterior à guerra, nas zonas correspondentes, e alcançamos o nível de 1930 na produção de aço.

A exposição do sr. ministro é corroborada pelos resultados plenamente favoráveis atingidos na Inglaterra nos setores nacionalizados. Por mais que se deseje conservar a iniciativa particular em todos os ramos da vida econômica, futuramente ela não poderá competir com a indústria pesada planejada, muito menos ainda na época da energia atômica. Mesmo assim, seria preferível a conservação da iniciativa privada se ela demonstrasse ser o sustentáculo das liberdades civis e espirituais. Infelizmente, como já explanamos, provou ter fracassado, neste ponto essencial. Por outro lado, a nacionalização das indústrias-chave não parece envolver necessariamente a perda dessas liberdades, como demonstra o exemplo da Inglaterra, único grande país com uma longa tradição democrática que, até agora, fez parcialmente essa experiência. A Rússia não é um exemplo concludente, pois nunca foi um país democrático no sentido ocidental, tendo, além disso, empreendido uma socialização radical de todos os meios de produção, no que por ora não foi seguida pela Polônia e pela Inglaterra.

Quanto à Polônia, insiste o sr. ministro em afirmar que os cidadãos poloneses gozam de plena liberdade.

Exemplo particularmente convincente é o tratamento carinhoso das instituições religiosas, tendo o Estado contribuído em larga escala para a reconstrução dos edifícios sagrados. Outro fator para o estabelecimento de uma verdadeira democracia é a nossa rigorosa proibição da discriminação racial. Ainda mais: a liberdade individual é uma frase vazia sem a educação necessária. A educação é, na Polônia atual, obrigatória e gratuita nas escolas primárias e gratuita nas escolas secundárias e superiores. Sessenta por cento dos estudantes das escolas secundárias e superiores são filhos de camponeses e operários. Todavia, não é suficiente a gratuidade do ensino quando se trata de estudantes pobres. Distribuímos, por conseguinte, numerosas bolsas de estudo para possibilitar a manutenção de um razoável padrão de vida durante os anos escolares.

"Não sofremos, na nossa reconstrução e reestruturação, nenhuma coação por parte da União Soviética", continuou o sr. ministro,

como vê, a nossa evolução decorre em moldes diferentes dos da Rússia uma vez que temos propriedades agrícolas e industriais privadas, afastando-nos, nesse terreno, do sistema soviético. Ninguém nos força a fazer qualquer coisa que seja. Reconstruímos o nosso país de acordo com os nossos planos e a nossa índole.

No que diz respeito ao "bloco oriental" [responde o sr. ministro a uma pergunta], nego que ele exista. Da nossa parte, desejamos colaborar com todos, como se vê pelos numerosos acordos comerciais concluídos entre o meu país e vários países ocidentais. Desejaríamos também discutir um acordo comercial com o Brasil, país tradicionalmente amigo nosso. Infelizmente, as nossas relações econômicas com esta grande terra, aliás nos seus resultados financeiros francamente favoráveis ao Brasil, são puramente ocasionais, sem base segura em acordos. Todavia, é evidente que estamos igualmente interessados na amizade da Rússia e dos outros países da Europa Oriental. Ninguém deve esquecer que esses países, o meu incluído, sofreram incomparavelmente mais em consequência da guerra do que a maioria dos países ocidentais. A Polônia perdeu 20%, note bem, 20% da sua população, a Rússia 10%, a Iugoslávia igualmente. Comparado com isso, as baixas dos Estados Unidos e da Grã-Bretanha são ínfimas. Se não me engano, perderam os Estados Unidos, mais ou menos, 0,2% da sua população. (Isto é, a Polônia perdeu dois mil habitantes de cada dez mil, ao passo que os Estados Unidos perderam vinte habitantes de cada dez mil). Ora, nessas circunstâncias, deve-se entender que não estamos dispostos a ceder nem um passo sequer na nossa política no tocante à Alemanha. Qualquer plano que nos enfraqueça em benefício da Alemanha é, para nós, suspeito. Admitiu-se, em Potsdam, uma produção alemã de cinco milhões de toneladas de aço. Agora, pretende-se permitir uma produção de doze milhões de toneladas. Ninguém pode deixar de compreender a nossa profunda reserva para com planos que tendem a fortalecer um país cuja reeducação não fez ainda os progressos necessários e, aliás, por nós sinceramente desejados.

– E a fuga de Stanislaw Micolajczyk? – pergunta um dos presentes.

– Micolajczyk voltou apenas para aquele país em que se encontrava durante a guerra, enquanto nós, os patriotas poloneses, organizávamos a resistência na nossa terra.

– Mas, afinal de contas, é um líder camponês de importância!

– Líder camponês daquele tipo que em toda a sua vida nunca plantou outra coisa senão... – o sr. ministro hesita, procurando a palavra certa. Ao seu lado encontra-se um vaso de barro, com uma pequena palmeira. Indicando esse magro produto da vegetação apartamental, continua: – Que nunca plantou outra coisa a não ser tais plantas caseiras.

Ao fim da entrevista, a conversa tornou-se geral, participando vivamente o jovem cônsul, sr. Wilnicki. Pode-se encarar um embaixador de diversas maneiras. Como diplomata encarregado de cuidar dos altos interesses da sua pátria e de manter as relações políticas mútuas. Como homem destinado a "representar" a sua terra e a sua cultura. E como "mensageiro" de longínquos países, como "emissário" que traz novas de importância. Todas essas funções se confundem na atuação de um bom diplomata, de tal maneira que seria ocioso perguntar em que sentido ele "representa" o seu país. O conceito da "representação" tem algo de ambíguo, é verdade. Não se espera de um diplomata que diga coisas desfavoráveis do país que representa. Todavia, seria conveniente analisar as afirmações positivas do sr. ministro plenipotenciário da Polônia e considerá-las com objetividade, sem prejuízos e com isenção de ânimo.

204

Há hoje, em algumas das maiores metrópoles, bairros chineses, alemães, poloneses, irlandeses, italianos, judeus, vivendo cada comunidade segundo os seus costumes, sem que isso impeça a existência de denominadores e interesses comuns. Daqui a cem anos, o nosso planeta não passará de uma grande cidade com diversos bairros. É preciso encontrar os denominadores e interesses comuns, ao invés de salientar com verdadeira ferocidade os costumes diferentes.

A imprensa, com o seu imenso poder, ao invés de fabricar cortinas de papel, pode construir pontes de papel. Papel – frágil matéria! Porém essa matéria é o veículo de paixões, sentimentos, ideias – de espírito. Precisamos de pontes de papel, pontes de espírito, sem as quais as pontes de ferro nada valem.

O Papel da Imprensa e o Papel de Imprensa[4]

A liberdade não é, como geralmente se supõe, uma condição do espírito; ela é sua essência. Por mais condicionado que seja o homem pela situação econômica e social em que se encontra, há nele, ou pelo menos em alguns dos seus expoentes um núcleo último que não se dissolve na situação, que tem consciência não apenas da situação, mas dele mesmo dentro da situação e que, por isso, se eleva acima das determinações e independe delas. Ao afirmar a sua dependência, entretanto, o homem se defende, erguendo o espírito acima dela pelo próprio poder dessa afirmação. Quem diz: "Sou um escravo", já não o é mais, pois a parcela do seu ser que o afirma e que se contrapõe como sujeito à outra parcela, ao objeto tido como escravizador, escapa ao conteúdo dessa afirmação. Esse constante regresso no sentido de opor-se a si mesmo *ad infinitum*, enquanto uma unidade mais profunda continua dominando a fragmentação, é a própria essência do espírito pessoal da autoconsciência e reflexão sobre si mesmo.

4. JSP, 23 maio 1947.

Se, pois, a liberdade é a própria intimidade do espírito, precisa ele, contudo, para se expressar, de certas liberdades exteriores. Para que a singular dialética do espírito possa exteriorizar-se com relevância dentro da realidade social de um povo moderno, recorre ela parcialmente ao instrumento da imprensa. O verdadeiro papel da imprensa é aquele de ela se tornar a consciência viva, diária, de um povo. Uma imprensa cônscia de sua dignidade e responsabilidade desempenha diariamente, pela simples expressão dos fatos ocorridos e pela análise dos acontecimentos mais importantes, o papel do espírito que se contrapõe a si mesmo através da reflexão, do espelho que mostra ao povo a sua situação, vista em conjunto, e que assim cria as condições para que o povo elevando-se livremente acima dessa situação, possa tomar uma atitude diante dela. Uma dada situação em si não tem relevância política. Relevância política tem a posição que um povo toma em face de uma situação, depois de conhecê-la através da informação e de sua divulgação. Toda comunicação articulada de um fato é um ato de libertação. O fato mudo, em si, nasce e morre dentro do encadeamento inexorável da causalidade. Porém a expressão articulada desse fato, ao colocá-lo dentro das categorias da consciência humana, traz em si o germe da liberdade, visto que dentro da consciência humana o fato torna-se causa final, torna-se motivo de ações nos moldes de uma nova determinação, de uma determinação teleológica. Entretanto, a função libertadora da imprensa somente é possível quando ela pode se servir de um espelho cristalino que reflita a realidade sem deformações, isto é, quando há uma imprensa independente, que possa exprimir a verdade sem que haja coação por parte de grupos anônimos, dos quais em muitos casos ela depende. De que adianta a liberdade formal de imprensa se, para dar um exemplo, o papel se encontra nas mãos de uns poucos trustes que costumam distribuí-lo segundo princípios inteiramente estranhos à tarefa dos jornais? O que resta, nessas condições, da liberdade?

Vejamos o caso dos Estados Unidos, país que se gaba, até certo ponto com razão, de possuir uma imprensa livre.

De acordo com notícias que extraímos do semanário nova-iorquino *Reconstruction*, o senador Murray convenceu-se, depois de uma "enquete" entre dez mil jornais dos 48 Estados, de que a liberdade de imprensa, na América do Norte, está sendo ameaçada pelo *big business* (grande negócio), que se apodera lentamente de quase todos os diários e magazines. "Os pequenos jornais sofrem uma terrível pressão que põe em perigo a sua sobrevivência. O seu custo aumenta constantemente, mas eles não podem aumentar nem a sua circulação, nem o número dos anúncios por falta de papel". Nas 1934 cidades dos Estados Unidos, existem somente 117 onde há concorrência entre vários jornais. Em 1277 cidades os leitores têm de se satisfazer com um único jornal, ou com jornais controlados pelo mesmo grupo ou truste. Somente duzentas grandes publicações têm à sua disposição papel em quantidade suficiente, empregando sozinhas 85% do total, enquanto que as 24,8 mil outras publicações dividem entre si os 15% restantes. Quanto aos periódicos, as empresas Time Inc., Curtis, Crowell-Collier, Hearst e McCall gastam 480 mil toneladas de papel, de um total de 920 mil toneladas à disposição das publicações periódicas. Isso significa que os outros seis mil magazines são forçados a se arrumar com os restantes 48% de papel. *The New Republic* publicou, a esse respeito, uma expressiva caricatura dos "donos da imprensa", que plantado diante de imensas bobinas de papel tira um pedacinho ridículo da preciosa matéria e o oferece a um *publisher* miudinho: "Eis a sua parte, amigo. Você pode imprimir o que quer que seja".

Essas tendências monopolizadoras manifestam-se através de múltiplos sistemas. Um deles trabalha da seguinte maneira: o editor do *Los Angeles Times* dirigiu um convite a trinta jornais no sentido de juntarem uma soma de 28 milhões de dólares para a construção de uma fábrica de papel. É óbvio que a produção dessa fábrica será distribuída somente entre esses trinta e um diários.

A oposição dos jornais médios e pequenos a esse estado de coisas está sendo sufocada pelos republicanos sob a direção de seu líder Robert A. Taft, que aliás é pessoalmente interessado como membro de uma família que possui um grande jornal. Outra questão é a das facilidades que o correio concede a certos periódicos no serviço de distribuição, facilidades essas que, somente no caso do *Time*, da *Life* e da *Fortune*, custam ao Estado, ou seja, ao povo, oito milhões de dólares anualmente, favorecendo, em essência, apenas os grandes periódicos, ao invés de beneficiarem as mais necessitadas, as pequenas publicações que, pela sua independência, pelo fato de não estarem ligadas a grupos econômicos e trustes, representam a verdadeira opinião do povo e defendem a verdadeira liberdade de imprensa.

Eis, em resumo, um exemplo de singular dilema do espírito. Para fixar-se, o espírito precisa recorrer à matéria. É por isso que o papel da imprensa depende do papel de imprensa.

O Processo Histórico e a Energia Atômica[5]

Faz dois anos que a libertação da energia atômica foi, pela primeira vez, utilizada para fins de destruição. Desde aquele tempo, pouco se ouviu do emprego dessa enorme força para fins pacíficos e para a criação de riquezas; muito, porém, se ouviu do seu aproveitamento para fins bélicos e para a criação de pobreza, de ruína e desolação. É um espetáculo curioso ver-se como as inteligências mais lúcidas da humanidade estão sendo empregadas a serviço da estupidez e do caos.

A dificuldade de aplicar a nova descoberta para fins construtivos era, aliás, de se prever, não por motivos técnicos (há dois anos declarou o sr. Pregel, presidente da Canadian Radium Uranium Corp., que a aplicação "da energia atômica à vida civil era possível, iminente e, mesmo, inevitável"), mas devido a uma regra, por assim dizer, sociológica. Era natural que a realização das experiências

5. JSP, 11 jul. 1947.

atômicas se desse num dos países técnica e industrialmente mais adiantados. E era, ao mesmo tempo, natural que justamente nesse país – e precisamente em virtude do seu adiantamento material – a utilização da nova energia na indústria encontrasse os maiores obstáculos. Exatamente por ter chegado, esse país, a um nível extraordinário na sua indústria e no aproveitamento das suas fontes de energia, numa dada direção (carvão, petróleo, eletricidade), e por ter assim cristalizado o seu enorme potencial numa dada estrutura já tradicional, exatamente por isso uma repentina transformação tornar-se-ia sumamente perigosa, podendo provocar consequências imprevisíveis.

A paradoxal hipótese sociológica de que falamos – o progresso técnico como causa da estagnação técnica – foi, ao nosso ver, pela primeira vez, há uns dez anos, cuidadosamente elaborada pelo holandês Jzan Romein, conquanto o fundamento dela se encontre na concepção dialética de Hegel. Alguns exemplos, a maior parte do próprio Romein, servirão para ilustrar a sua tese.

Romein procura demonstrar que uma alta forma de organização técnica, econômica, militar etc., sob certas circunstâncias, pode tornar-se causa de decadência pelo fato de ter perdido a capacidade de transformação rápida e de não conseguir, portanto, adaptar-se facilmente a novas condições, capacidade essa que, precisamente, organizações mais atrasadas costumam ter. Um exemplo típico é o malogro dos exércitos franceses medievais, formados por cavaleiros, contra a infantaria relativamente primitiva dos ingleses, composta por arqueiros, na batalha de Crécy (1346). O fato é que o rei francês conhecia muito bem o valor dos arqueiros. Porém, a organização do seu exército de cavaleiros pesadamente armados era tão perfeita que um rápido ajustamento à nova técnica militar se tornou impossível. Naquela batalha, perderam a vida 1,5 mil cavaleiros, a nata do exército francês, contra apenas três do lado de Eduardo III, além de quarenta arqueiros. Verifica-se, nesse exemplo, o fracasso de uma organização mais alta contra uma estrutura muito

209

mais primitiva. O mesmo se dera, muito antes, com as legiões romanas ao enfrentarem os exércitos dos bárbaros.

Contudo, o exemplo dos arqueiros é apenas parcialmente exato. Realmente, os exércitos franceses conseguiram adaptar-se paulatinamente às novas condições, vencendo finalmente, na Guerra dos Cem Anos, os ingleses (1337--1453). A derrota definitiva dos cavaleiros, então já reorganizados de acordo com o exemplo dos exércitos ingleses, deu-se depois, ao lutarem os borgonheses sob o comando de Carlos, o Temerário, contra uma formação militar muito mais primitiva – a dos suíços, agrupados no chamado "quadrado" (o antiquíssimo *Schweinkopf* germânico) e armados com arcaicas alabardas (na segunda metade do século XV, batalhas de Granson e Morat, na qual os nobres borgonheses, soldados profissionais, foram fragorosamente derrotados pelos camponeses e burgueses suíços).

Semelhante fato verificou-se com a derrota dos exércitos prussianos, altamente organizados, contra Napoleão (1806), que comandava tropas de estrutura bem mais primitiva. Não se pode dizer que o exército prussiano, naquela ocasião, estivesse em decadência, como se poderia alegar no caso das legiões romanas. Ao contrário, a sua organização era excelente, tendo sido ainda aperfeiçoada depois da morte de Frederico, o Grande. Trata-se de um fenômeno legítimo de ruína, em virtude da perfeição atingida que paralisou a sua capacidade de evoluir em outra direção.

Na última guerra mundial, foi o exército francês, o mais bem organizado e perfeito do mundo, rapidamente derrotado pelo exército alemão, recentemente formado, visto que o Tratado de Paz proibira à Alemanha a constituição de um grande aparelho militar. Destarte, a Alemanha pôde organizar com relativa facilidade um novo exército sobre bases diferentes e mais modernas.

O mesmo fenômeno se verifica na história técnico--econômica. Na exploração do carvão, por exemplo, estão na dianteira, considerando-se a produção por homem e por poço, precisamente os países que começaram a mineração

210

mais tarde, isto é, em decorrência de uma maneira mais racional (Alemanha, Holanda, Polônia, Estados Unidos), ao passo que os países com mineração tradicional (Bélgica, França, Inglaterra) ficaram mais atrasados. Da mesma forma, a racionalização e a mecanização dos países de indústria recente encontra um campo muito mais adequado do que nos países de indústria já perfeitamente organizada. Assim, por exemplo, a indústria têxtil inglesa atrasou-se consideravelmente comparada com a indústria nova do Japão. De acordo com estatísticas, existiam na Inglaterra, pouco antes da guerra, 207 empreendimentos têxteis com 650 mil teares, dos quais apenas trinta mil automáticos. No Japão, porém, existindo somente 71 fábricas do mesmo ramo, com trezentos mil teares, funcionavam 150 mil teares automáticos.

Um exemplo interessante, extraído da história mais remota, é a vitória econômica da Inglaterra sobre a Holanda, cujo capitalismo mercantil, fixado mais na sua organização específica, não conseguiu aproveitar na mesma medida a Revolução Industrial. Tratando-se, em ambos os casos, de países calvinistas, não pode ser aduzida a teoria de Max Weber. Tal fenômeno deu-se, no âmbito técnico--industrial, em escala mais ampla com os povos latinos que, justamente devido à sua organização mais alta e mais estruturada, viram-se materialmente superados pelos povos anglo-saxônios. É verdade que, nesse caso, pode-se recorrer ao argumento religioso de Max Weber, mas queremos salientar, hipoteticamente, o fator em questão como um dos múltiplos (e em história sempre se trata de múltiplos fatores) que, provavelmente, contribuíram para estabelecer a supremacia material das nações de língua inglesa.

De maneira geral, pode-se dizer, portanto, por estranho que pareça, que novas formas de produção, mesmo quando descobertas em países de evolução adiantada, encontram mais facilmente um campo adequado em países atrasados. Romein chega a falar até de um "prêmio para o atraso". É por esse motivo que a evolução costuma dar pulos curiosos de um país para outro, uma dialética, por assim dizer, geográfica,

211

transposição do progresso de países adiantados para países mais atrasados que, aperfeiçoando paulatinamente a sua organização, veem-se logo, por sua vez, superados por outro país mais primitivo devido à maior capacidade deste em ajustar-se às novas invenções entrementes surgidas. Tal fenômeno, ainda em tempos recentes, parece realizar-se no caso da Rússia, há pouco um dos países mais atrasados e que, precisamente por isso, demonstra ter uma estrutura mais maleável e mais aberta ao progresso técnico.

Esses exemplos representam um grande estímulo para países econômica e tecnicamente mais rudimentares e, ao mesmo tempo, uma grave advertência aos países mais adiantados. Não se brinca impunemente com a história. Há nos seus processos uma inexorabilidade férrea, conquanto não se possa prever exatamente o caminho dos acontecimentos. O progresso (técnico) não se liquida com guerras, por mais atraente que possa parecer tal recurso aos fabricantes de armamentos. Não é provável que haja "leis" históricas, porém há certas regras que imprimem à evolução, em alguns dos seus aspectos formais, um caráter determinado. A fissão nuclear é uma dessas descobertas destinadas a dar à história uma nova direção. É possível que ela favoreça principalmente os países até hoje economicamente menos evoluídos, capazes de utilizar a nova energia para fins pacíficos, já que os países dominantes parecem não ter a faculdade ou a intenção de transformar a sua organização já cristalizada em estruturas determinadas.

É um lugar-comum dizer-se que a história não pára, que ela é um constante modificar-se e superar-se e que no mundo heracliano dos fenômenos temporais nenhuma coisa, nenhuma organização perdura sem se transformar. Todavia, às vezes convém repetir lugares-comuns. O fato é que a organização atual do mundo é uma ficção gigantesca sem a mínima parcela de realidade, assentada como está sobre alicerces que deixaram de existir. O universo dos nossos célebres realistas é uma construção fantasmagórica, que paira nas nuvens como o castelo utópico daqueles filmes em série de Flash Gordon, apresentados em cinemas de terceira categoria. É graças aos esforços mediúnicos de alguns senhores em estado de profundo transe, que o cadáver putrefato dessa organização fictícia se mantém ainda suspenso no ar – fenômeno de levitação bem conhecido dos espiritistas (perdoem os espiritistas a comparação com tais tipos). "Evitemos a claridade!", gritam os realistas. "Poderíamos, por desgraça, despertar os nossos amigos, os médiuns, do seu estado sonâmbulo!". Um pouco de luz e, cessado o transe, rui por terra toda a fantasmagoria. Que essa luz, de que tão amargamente necessitamos, seja fornecida por um amanhecer suave e delicado e não pelo clarão da bomba.

O Teste Decisivo[6]

Os próximos cinquenta anos serão um teste decisivo para o sistema capitalista e para sua representante, a classe burguesa. Apesar dos terríveis fracassos deste sistema no terreno da organização social e econômica (para não falar de uma coisa tão fora de moda como a moral), concedeu-se-lhe largo crédito de tempo, de sacrifícios e de paciência em reconhecimento dos relativos progressos conseguidos por ele em tempos idos. Ninguém negará ao liberalismo econômico um certo "valor local" na história, pelas conquistas materiais que ele estimulou e pela acentuação – conquanto só formal – das liberdades individuais. Seria ridículo querer negar esta liberdade, da qual Anatole France disse que ela dá aos pobres e aos ricos direitos iguais para dormir livremente em baixo das pontes da estrada de ferro.

Embora não tenha sido propriamente intenção da burguesia ascendente emancipar aquela parte do povo que Voltaire chamava *canaille*, e embora a ideia de "Liberdade, fraternidade, igualdade" tenha sido um grito de

6. JSP, sem data.

guerra da classe média daquele tempo contra a aristocracia privilegiada e apenas uma bela promessa para as classes mais baixas – o princípio, contudo, foi formulado e nunca mais a humanidade poderá esquecer a senha da Revolução Francesa. A dinâmica que a burguesia imprimiu aos acontecimentos para favorecer somente a si mesma favorecerá também o proletariado ou levará a conflitos de extensão e intensidade sempre crescentes.

O teste final para o capitalismo será, porém, a sua capacidade de organizar e aproveitar para fins pacíficos a energia atômica. Se, no tocante às liberdades, o liberalismo burguês apenas formulou os princípios, beneficiando somente uma camada diminuta, e mesmo esta de maneira muito duvidosa, o seu sucesso no terreno material foi extraordinário. Ele criou riquezas imensas, conquanto não tenha sabido, e nem pretendesse, distribui-las equanimemente. Até agora, o capitalismo, ciência e técnica de mãos dadas, estimulam-se em geral numa interdependência tão íntima que é difícil verificar se a ciência e a técnica beneficiaram mais o capitalismo ou o espírito deste mais aquelas. Ultimamente, entretanto, já tem havido exceções. Já se está falando em "moratórias científicas e técnicas"; os países ricos em matérias-primas procuram impedir a produção de bem sintéticos, conquista de enorme alcance para os países pobres em matérias-primas; cientistas alemães, ocupados com a elaboração de novas armas de guerra, atravessam os espaços em aviões de luxo, ao passo que os seus patrícios, que se dedicam a experiências de valor pacífico, continuam nos campos de concentração. No futuro, porém, o sistema dominante terá que assimilar descobertas e invenções muito mais revolucionárias e parece, por conseguinte, muito duvidoso que se possa executar essa tarefa com sucesso.

A energia nuclear é um fenômeno que forçosamente modificará todos os costumes, todas as relações e toda a existência humana. Como a pólvora e as armas de fogo acabaram eliminando a cavalaria medieval, já em declínio, e em conjunto com outras invenções e descobertas arrasaram as defesas da classe feudal, da mesma forma a nova energia não somente modificará as concepções estratégicas mas, em conjunto com uma série de invenções que a tornarão manejável e acessível, modificará toda a nossa estrutura social. É provável que grupos de capitalistas façam o possível para sabotar o seu aproveitamento construtivo na economia, a fim de salvaguardar interesses e monopólios já estabelecidos. Esse procedimento significaria a condenação definitiva de um sistema que encontra a sua principal justificativa no progresso material, camufladas essas justificativas como "nacionais", "patrióticas", "religiosas", "alheias e ideologias exóticas que não correspondem à índole cristã" dos seus respectivos povos. Embora simultaneamente gostassem de colocar a *Bíblia* no índex como o fizeram os nazistas, considerando-a "alheia à índole ariana", é possível que procurem monopolizar a nova energia para aproveitamento exclusivo – uma tentativa que não somente levaria, infalivelmente, a um desemprego em escala inédita e a novos conflitos universais, mas a uma anarquia total e à completa ruína dos Estados que, mais do que agora, se tornariam joguetes nas mãos de grupos poderosos.

Neste sentido, é deplorável que a Carta de São Francisco, a ONU e a própria Comissão de Energia Atômica tenham sido criadas num espírito totalmente antiquado, incapaz de organizar o mundo de acordo com as novas forças produtivas. O desejo de algumas grandes potências, no sentido de controlarem sozinhas a nova energia, é, além de antidemocrático, absurdo.

Mais dias, menos dias, o segredo tornar-se-á acessível também às nações menores, fato este que, dentro de um sistema obsoleto como o atual, dentro de um estado de coisas que exacerba o nacionalismo político-econômico, o medo e a desconfiança mútua fatalmente hão de levar à guerra. Einstein disse, com razão, que os dirigentes políticos não perguntariam se um governo universal é possível caso eles soubessem o que está em jogo. A soberania econômica dos indivíduos e dos Estados causará, nas condições do futuro, a completa ruína da humanidade. Se os adeptos do liberalismo econômico, embora tenham razão quando lutam em favor da abolição das barreiras alfandegárias, sonham com a volta radical ao *laissez-faire, laissez-passer*, de Gournay e da Escola de Manchester, hipnotizados pela ideia de harmonia pré--estabelecida à Leibniz, deveriam perceber que desde aquela época aconteceu alguma coisa. O liberalismo não agoniza pelo fato de que um bicho papão o engole aos poucos, mas em consequência das suas contradições imanentes. O livre jogo das forças, nas condições do futuro, levará à harmonia total, sem dúvida, só que à harmonia de um cemitério, onde não haverá mais quem viva para perturbar a paz.

Indivíduos e nações terão, entregando parte de sua liberdade econômica a uma organização universal, campo muito mais vasto para desenvolverem despreocupadamente a sua autonomia cultural. Uma prova disso é o florescimento extraordinário das culturas nacionais das pequenas nações e o enorme progresso da educação individual dentro da federação da União Soviética, sistema exemplar nesse plano, embora infelizmente deficiente em outros. Verdadeira liberdade apenas é possível onde há um povo altamente educado, num ambiente onde não existam insegurança, preocupação ou angústia econômica e o medo do futuro – fatores psicológicos estes, neste nosso mundo, que deformam e mutilam de tal maneira a alma do homem ocidental que desviam para bitolas estreitas e tortuosas as suas forças afetivas e intelectuais, e que corroem tão terrivelmente as raízes de sua personalidade que ele se tornou psiquicamente aleijado, impossibilitado de desenvolver as qualidades positivas que dormem dentro dele e que nenhum de nós pode, nem ao menos, vislumbrar.

No entanto, seguramente não serão semelhantes pensamentos que haverão de conduzir uma humanidade – cujos elementos mais altos e abnegados criam instrumentos poderosos para o progresso, para que caiam imediatamente nas mãos dos elementos mais baixos e mais corrompidos –, uma humanidade cujo imenso esforço racional se vê constantemente frustrado pelo predomínio do irracional. Serão provavelmente necessárias mais umas guerras para que a soberania desenfreada seja restringida equanimemente e para que se estabeleçam planejamentos universais e uma fiscalização dos empreendimentos por uma organização mundial. Não haverá outra alternativa. Imensas energias, como as agora libertas, não podem pertencer a indivíduos nem a nações exclusivamente, de cuja boa vontade, embora esta seja patente, o resto da humanidade teria que depender; elas devem servir a toda a coletividade humana que, no mundo pequeno do futuro, com transportes ultrarrápidos, se tornará uma unidade econômica sem que seja prejudicada a variedade multicolor em que se expressarão culturalmente nações e indivíduos cujas lutas político-econômicas, uma vez sublimadas, se transformarão em jogo espiritual, em rivalidade de culturas e competições de filósofos, poetas e atletas, não se falando de concorrências apaixonadas entre as mais hábeis artistas no terreno do crochê.

Socialismo e Liberdade[7]

Uma das causas principais que fazem com que grande parte da burguesia, educada na escola do liberalismo, combata o socialismo é o temor de perder a parcela de liberdade

---

7. *Diário Paulista*, Marília, sem data. O texto foi publicado com a seguinte introdução:

"ANATOL H. ROSENFELD é um jovem e conhecido escritor e jornalista, formado pela Universidade de Berlim, que reside atualmente no Brasil e tem estado várias vezes em Marília. É colaborador da *Press Information Service*, já tivemos a oportunidade de publicar interessantes trabalhos de sua lavra.

Há dias, Rosenfeld passou novamente por Marília e esteve em nossa redação, na companhia de Necheja Singal. Antes de deixar a nossa cidade, enviou-nos a colaboração especial que abaixo publicamos, inspirada mesmo na palestra que manteve conosco, em torno das questões do momento mundial.

Trata-se de uma análise cristalina do problema da liberdade, em face do socialismo e do liberalismo, e que responderá, certamente, a muitas indagações íntimas de numerosos leitores, nos dias confusos que estamos vivendo".

individual conquistada através da história em tantas lutas heróicas. É extremamente difícil imaginar que a interferência do Estado na iniciativa econômica particular não se estenda também às realizações espirituais e à vida íntima de todos os cidadãos, sufocando assim todas as possibilidades de uma expressão autônoma e espontânea do indivíduo.

O domínio de um só partido na Rússia parece ser uma demonstração nítida desse raciocínio. No entanto, esse fato não pode ser tomado em conta, visto tratar-se de uma experiência de longa conclusão. De outro lado, costumam alegar os adeptos do socialismo que a liberdade, no sistema capitalista, tem um caráter puramente formal para as grandes massas, as quais, embora politicamente emancipadas, não possuem os meios materiais para, de fato, fazerem uso dessa emancipação.

Não sem razão, alegam os socialistas que, enquanto houver imensas massas famintas, analfabetas ou incultas, vivendo num estado constante de preocupação e insegurança econômicas, a liberdade real para alguns, e a liberdade fictícia para a enorme maioria, é mero luxo. A liberdade no capitalismo, continuam dizendo os socialistas, é uma liberdade negativa, liberdade de restrições, mas não é uma liberdade positiva, liberdade para a verdadeira libertação do homem.

É verdade que, sob o ponto de vista da eficiência econômica, aqui não debatido, a iniciativa particular teve um papel importante na evolução da nossa civilização. O estímulo da livre concorrência facilitou, no passado, realizações extraordinárias; no entanto, a evolução do próprio liberalismo levou à formação de trustes e monopólios que eliminaram as possibilidades da livre concorrência e procederam à intervenção do Estado, de tal maneira que, em consequência dessa situação híbrida, enquanto declina a própria liberdade econômica, as massas continuam no estado anterior de insegurança. Em consequência das suas íntimas contradições, o capitalismo chegou a uma fase de acumulação de grandes capitais por meio de ações (sociedades anônimas), sistema esse que contradiz o próprio

218

espírito do liberalismo econômico e da propriedade privada e demonstra que a competição desenfreada tem a tendência de aniquilar-se a si mesma.

Mais importantes, porém, são outros pontos de vista. A eficiência econômica não é a finalidade do homem, é apenas um meio para certos fins. O fim da humanidade, dentro dos limites terrenos, é a criação de sociedades nacionais relativamente livres, entre si, integradas dentro da comunidade universal, e de indivíduos livres e autônomos, entre si, integrados dentro das comunidades. Um indivíduo livre e autônomo – no sentido relativo que a vida social e a imperfeição humana admitem – é aquele que se submete voluntariamente à lei moral e tem a possibilidade e capacidade de desenvolver, de expressar e de realizar o seu íntimo ser, o âmago de si mesmo, de sentir, querer e pensar espontaneamente, sem se submeter às imposições de opiniões públicas feitas sob medida e de campanhas de propaganda que fabricam crentes em série. Este fim alcançam somente pouquíssimos, dentro do sistema capitalista – alguns artistas, alguns cientistas, alguns santos. O resto, os poucos que possuem os meios de produção e o capital, e os muitos a serviço deles, vivem escravizados pela preocupação econômica.

A massa vegeta, afastada das fontes de educação e de desenvolvimento espiritual devido à pobreza; e dos poucos, a maioria vegeta da mesma maneira, impedida de pensar na sua elevação espiritual em consequência da sua própria riqueza, da sua ganância e do seu anseio de poder, que é uma expressão de profunda fraqueza. Um grande escritor inglês disse que é preciso abolir o capitalismo no interesse dos ricos. Esse escritor era Oscar Wilde, um burguês cujo ideal mais alto foi a valorização e dignificação do indivíduo.

Hoje uma pessoa vale pelo que tem, quando deveria valer pelo que ela é. No entanto, como hoje os valores mais altos na esfera social são derivados da posse de bens materiais, e destes dependem em geral as posições na sociedade, os "moços dinâmicos", bem dotados e humanamente ambiciosos, dedicam desde cedo toda a sua atividade física e mental à tarefa de se fazerem donos desses bens materiais. E dentro desse sistema, isto é perfeitamente natural. Assim, gastam-se preciosas forças no trabalho de agarrar bens exteriores sem nenhum valor intrínseco. Um sistema cujo lema é: "Tempo é dinheiro", e que, contudo, acusa o socialismo hipocritamente de ser "materialista", condena-se a si mesmo. Tempo não é dinheiro. Tempo é vida, é evolução, é aperfeiçoamento, é a procura da harmonia. Um sistema positivo seria aquele em que a economia tomaria o lugar devido, tornando-se base indispensável, mas humilde e inferior, para as ocupações verdadeiramente importantes.

Tal sistema positivo era, até tempos não muito remotos, dificilmente realizável, pois todas as culturas elevadas dependiam da escravidão das massas que, com a energia dos seus braços, criavam as condições necessárias para o próprio sustento e para a existência daqueles poucos que se dedicavam à cultura. Na Antiguidade, a escravidão dominava abertamente. Depois, ela passou por várias transformações, mas continuou, embora veladamente, como sistema normal. No sistema capitalista, os operários vivem numa situação material e legalmente melhor, mas, no fundo, semelhante a esse sistema em que a economia prevalece e cujos senhores são os donos do poder, apesar de todas as medidas bem intencionadas tomadas para abrandar e aliviar esse estado de coisas. São os piores senhores de escravos, impedindo assim, com delicadeza, que estes reconheçam a sua verdadeira situação.

Todavia, enquanto a humanidade dependia do braço do homem, encontravam tais sistemas uma certa justificação. Mas a época do braço humano chegou ao seu termo. A crescente evolução da técnica criadora de máquinas que substituem, em grande escala, o trabalho do homem torna os antigos sistemas obsoletos. Quando aumentam as forças produtivas, a estrutura social tem que se modificar. Futuramente, a máquina será a escrava do homem.

Estamos no limiar de uma nova era, a era da energia atômica. Fontes inesgotáveis, poderosíssimas, de energia, cujas futuras possibilidades nem sequer podemos imaginar, estarão à disposição do homem. Então, países até agora atrasados, devido à falta de carvão e de outras fontes de energia, poderão desenvolver-se com rapidez. Até agora, a humanidade dependia dos efeitos remotos da energia solar, e tinha que aproveitá-los onde e quando a encontrava. As plantas transferiam, por meio de um processo de lenta assimilação, a energia solar em forma de alimento ao homem, ou diretamente ou por intermédio de animais, que por sua vez transformavam as plantas em carne, leite e ovos, em lã, em peles etc. Ao mesmo tempo, ou mais tarde, o homem iniciou o aproveitamento da energia solar em forma de madeira, carvão, petróleo, de água e vento, para mover as máquinas que começaram a substituir a energia do homem. Futuramente, a humanidade será dona dessa própria energia solar, que não é outra coisa que energia atômica, e poderá aproveitá-la onde e quando quiser e na escala que lhe parecer adequada.

Seria um escárnio sinistro se estas energias, em princípio acessíveis a todos, ficassem monopolizadas (como as provenientes do sol, que não nasceu para todos) nas mãos de poucos indivíduos ou de poucas nações que as explorassem ao seu bel-prazer ou que deixariam de explorá-las para proteger interesses já estabelecidos. Essas energias terão que pertencer à coletividade e terão que ser aproveitadas pacificamente. Há somente duas soluções possíveis: ou o sistema de competição, ridículo e desumano, continua prevalecendo sem se dar conta de que inviabiliza o progresso social ao mesmo tempo, numa época de abundância infinita de energia, que cria as condições naturais para uma perfeita cooperação, ou a da cooperação socialista, com a subsequente libertação do homem da escravidão econômica, que impede toda verdadeira liberdade. Uma vez criadas essas condições (que parecem utópicas, mas que são perfeitamente realizáveis), os processos econômicos serão pouco objeto de discussão, como certas funções fisiológicas, das quais, embora sejam indispensáveis, quanto menos se fala, tanto melhor se desenrolam. Assim, a libertação da energia atômica significaria, ao mesmo tempo, a libertação do indivíduo.

Alguns pessimistas heróicos dirão que esse futuro encantador, essa situação amena, essa felicidade perfeita, que nos esperam, serão terríveis, inumanos, insuperáveis, desgostosos e enjoativos para uma espécie que precisa de algumas boas tragédias para sentir-se à vontade. Seria, alegarão, um céu infernal por falta de pimenta. Esses que se consolem. A humanidade tem uma capacidade extraordinária para impedir a sua própria felicidade. Numa situação em que as lutas econômicas cessarem, ela inventará, com certeza, outras desgraças para se distrair.

Entre a Lua e a Terra

Ao observar a situação espiritual do nosso tempo, verifica-se que a imensa maioria da humanidade vive ainda na época de Newton, isto é, atrasou-se na sua cosmovisão por quase trezentos anos comparada com a dos cientistas. Referimo-nos particularmente à visão física do universo. Tal fenômeno significa que nós, os leigos em matéria de ciências físicas, vivemos num mundo completamente "irreal", uma vez que a nossa concepção das coisas especiais e temporais é ainda aquela da época da Inquisição. (Excluímos dessas considerações os problemas autônomos de ordem moral e metafísica.) É claro que fato semelhante se verifica em todos os tempos. Nunca, porém, o abismo entre as concepções dos especialistas avançados e as do povo foi tão profundo como hoje, e nunca se revestiu essa discrepância de tamanha gravidade. Vemos que a aberração da luz emitida por uma estrela, ao passar pelo campo da gravitação solar, se relaciona intimamente com a comprovação da teoria da relatividade; esta, por sua vez, contribuiu para possibilitar a descoberta da fissão nuclear e a invenção da bomba atômica, e esta determina, de uma forma terrível, a política atual. A técnica, enormemente desenvolvida, ligou política e economia (embora os próprios políticos não queiram reconhecê-lo), inexoravelmente à física, e o que hoje o matemático, na solidão do seu gabinete de trabalho, calcula mediante misteriosos símbolos, amanhã já determinará se nossos filhos poderão viver em paz ou terão de morrer dissolvidos em pó através de armas desconhecidas. O grito desesperado de Georges Bernanos contra a máquina é em vão, conquanto seja tão comovente como a luta quixotesca contra os moinhos de vento. A máquina aí está e ela crescerá. É impossível frear as revoluções das suas rodas gigantescas. Temos de fazer com que ela trabalhe para nós e não contra nós, como atualmente acontece.

O problema esboçado adquire ainda maior gravidade ao verificarmos que o abismo entre povo e elite é de consequências desastrosas numa época em que se pretende assegurar uma colaboração cada vez mais intensa do povo nos negócios públicos, de conformidade com os princípios do regime democrático. A simples apreciação da qualidade de um pano já não é uma tarefa fácil para o freguês pouco conhecedor de fios torcidos ou não torcidos, mercerizados ou não mercerizados, de seda animal ou de seda vegetal; muito mais difícil é, para o povo, como freguês do tecido político, a avaliação da qualidade dessa formidável oferta lançada ao mercado pelos alto-falantes de uma propaganda ensurdecedora, por meio da qual se "manipula" a democracia.

Tais ideias ocorreram-nos, por estranho que pareça, por ocasião da leitura do último livro de Rômulo Argentière[8]. Pois, na situação indicada, é a função de livros dessa ordem, de obras de divulgação, de uma importância primordial dentro de uma verdadeira democracia. Referimo-nos, naturalmente, a uma divulgação que sacrifique apenas o mínimo possível das pesquisas elaboradas na mais avançada fronteira do saber humano, continuando, contudo, acessível ao povo. É bem de acordo com a índole totalitária o que a falangista Maria de Maeztu escreveu: "Quanto mais o povo lê, tanto menos sabe". Isso é verdade na medida em que a leitura de obras boas destroi concepções rudimentares e cria, no início, uma certa confusão.

---

8. *Viagem à Lua*, [s. l.]: Anchieta s.a., 1947, edição excelentemente ilustrada.

Trata-se, porém, de uma confusão fecunda da qual nasce a meditação e a autonomia. Nesse sentido, acreditamos que a função de obras como a mencionada é de um alcance enorme, de nenhuma maneira reconhecida no seu justo valor. Existe, até, entre alguns "individualistas", uma certa prevenção contra os escritores empenhados em construir uma ponte entre o laboratório silencioso ou o pensador solitário, embrenhado no cipoal de ideias sutilíssimas, e o mundo ruidoso da rua e do povo. Entendem eles que a verdade perde a sua pureza ao entrar em contato com a massa por demais pobre, para possuir banheiros de azulejos e usar sabonetes perfumados. É curioso que esse conceito aristocrático – ao qual, até certo ponto, não falta veracidade – é hoje formulado por certos "individualistas" da classe burguesa, a mesma classe contra a qual, há um século, escritores como Stendhal e Flaubert e os românticos dirigiram ataques ferozes e sarcásticos por causa dos seus costumes plebeus, devido à sua avidez material incompatível com os valores heróicos e aristocráticos. São exatamente esses indivíduos (hoje, felizmente, em minoria mesmo dentro da própria classe burguesa), que agora, hipocritamente, pretendem monopolizar o espírito, alegando que a sua popularização e coletivização prejudicaria a preciosa pureza das suas esotéricas elucubrações. São esses os intelectuais que costumam referir-se ao trabalho da divulgação honesta e rigorosa (que não deve ser confundida com aquela de certas revistas tendenciosamente condensadas), como se fosse coisa secundária. Pois estão redondamente enganados. Trata-se de um trabalho de primeira ordem. O cientista e o pensador especializados, ao explorar os confins de problemas quase não mais acessíveis à mente humana, afastam-se necessariamente de nossas concepções tradicionais, de modo que a sua verdade perde todo o efeito e todo o eco na humanidade. Enquanto isso, vemos políticos mal ou bem intencionados, malabaristas da palavra, escroques, demagogos e impostores, empenhados em pregar, com enorme efeito, com eco universal, as suas ideias confusas, meias verdades, mentiras completas e contos para crianças ingênuas. Assim, temos verdades sem nenhum efeito e efeitos sem nenhuma verdade.

Dar, nessa situação, à verdade efeito e eco, é um trabalho criador. Disse alguém que a verdade só é verdade na hora do seu nascimento, na sua verdadeira fonte original. O sr. Rômulo Argentière transmite-nos todo o impacto da verdade original, levando-nos, em seu livro, até às fontes históricas das pesquisas e invenções recentes. Tal trabalho significa a humanização da verdade que se perdeu, de um lado, em fórmulas abstratas e em cálculos matemáticos, ou, por outro lado, nos berros e uivos de uma subfauna que seria exagero chamar de humana. A função de mediador entre a ciência e a vida que, materialmente, é exercida pela técnica, é de suma importância na sua acepção conceitual e ideológica, quando os próprios chefes de Estado, responsáveis pelo destino da humanidade, se esforçam desesperadamente porque não enxergam a realidade técnica, continuando a viver num mundo passado.

Contemplando a situação atual e comparando-a com os dados explanados no livro do sr. Argentière, verificamos atônitos que toda a organização e estrutura do nosso mundo é simplesmente lunática, não correspondendo em nada à verdadeira realidade. Vivemos num mundo ainda newtoniano, enquanto a realidade atual é a de Einstein, uma realidade interplanetária, atômica, inteiramente diversa daquela admitida pelos políticos, diplomatas e economistas. E enquanto viajamos, embarcados no livro do sr. Argentière, à Lua, realizamos uma experiência curiosa. Não nos afastamos da Terra: ao contrário, aproximamo-nos dela ao tomarmos conhecimento dos fatos. Essa viagem pelo espaço faz com que firmemos o pé no nosso planeta, ao invés de continuarmos vagando através do intermúndio. A função do autor, no leme da nossa embarcação, voando conosco entre a Lua e a Terra, é a de um guia que estabelece contatos entre um mundo novo e o real, que forçosamente há de ser o nosso ou aquele de nossos filhos, e um mundo passado em que, contudo, continuamos vivendo devido à nossa inércia inata. Quando Wendell Willkie falou de "um mundo", referiu-se ele à impossibilidade de reinar a verdadeira paz num mundo caduco, dividido em esferas de influência e por barreiras comerciais, cheio de contradições, de soberanias antiquadas e nacionalismos fanáticos. No nosso planeta só haverá paz se pudermos construir "um mundo só". Ajudar a criar tal mundo, em outro sentido, num sentido vertical, é hoje em dia a tarefa dos cientistas que se dedicam não somente às pesquisas, como também à sua divulgação, e que assim derrubam as barreiras que impedem o comércio vertical das ideias. Só um cego pode negar que o mundo único e unido de Wendell Willkie somente será possível se, antes, tiverem sido abolidas as fronteiras que separam o mundo real dos cientistas, que vivem na Terra mesmo quando ocupados com a Lua, e o mundo fictício de nós outros, e principalmente dos políticos, que vivem na Lua embora ocupados com os problemas da Terra.

Não pretendemos divinizar a ciência ao dar a ela um valor tão alto. Sabemos que ela é rainha somente no terreno dos fenômenos empíricos, e que ela não deve usurpar os valores de outras esferas da existência humana relacionados com problemas de ordem moral e metafísica. Acontece, porém, que apenas na esfera dos fenômenos temporais e espaciais é dato ao homem agir e realizar alguma coisa, ao passo que a sua situação metafísica, de qualquer maneira, é extremamente sombria. Enquanto esperamos, pacientemente, de acordo com os sábios ensinamentos de Santo Agostinho, até que o Juízo Final decida a separação definitiva dos *cives Dei* e dos *cives diaboli*, devemos agir com a máxima energia no campo restrito em que a nossa ação poderá produzir resultados – deixando que das outras esferas nos sorria a graça, comovida por nosso esforço.

OBRAS DE ANATOL ROSENFELD

Na Editora Perspectiva

Anatol on the Road, 2006
Cinema: Arte & Indústria, 2002
Na Cinelândia Paulistana, 2002
Letras e Leituras, 1994
Thomas Mann, 1994
Negro, Macumba e Futebol, 1993
Prismas do Teatro, 1993
Letras Germânicas, 1993
História da Literatura e do Teatro Alemães, 1993
Texto/Contexto II, 1993
O Teatro Épico, 1985
O Pensamento Psicológico, 1984
O Mito e o Herói no Moderno Teatro Brasileiro, 1982
Teatro Moderno, 1977
Mistificações Literárias: "Os Protocolos dos Sábios de Sião", 1976
Estrutura e Problemas da Obra Literária, 1976
Texto/Contexto I, 1976

Em Outras Editoras

O Teatro Alemão, São Paulo: Brasiliense, 1968 (incluído em *História da Literatura e do Teatro Alemães*, citado supra)
O Teatro Épico, São Paulo: Desa, 1965
Doze Estudos, São Paulo: Conselho Estadual de Cultura, 1959

FILOSOFIA NA DEBATES

O Socialismo Utópico
  Martin Buber (D031)
Filosofia em Nova Chave
  Susanne K. Langer (D033)
Sartre
  Gerd A. Bornheim (D036)
O Visível e o Invisível
  M. Merleau-Ponty (D040)
A Escritura e a Diferença
  Jacques Derrida (D049)
Linguagem e Mito
  Ernst Cassirer (D050)
Mito e Realidade
  Mircea Eliade (D052)
A Linguagem do Espaço e do Tempo
  Hugh M. Lacey (D059)
Estética e Filosofia
  Mikel Dufrenne (D069)
Fenomenologia e Estruturalismo
  Andrea Bonomi (D089)
A Cabala e seu Simbolismo
  Gershom Scholem (D128)
Do Diálogo e do Dialógico
  Martin Buber (D158)
Visão Filosófica do Mundo
  Max Scheler (D191)
Conhecimento, Linguagem, Ideologia
  Marcelo Dascal (org.) (D213)

Notas para uma Definição de Cultura
  T. S. Eliot (D215)
Dewey: Filosofia e Experiência Democrática
  Maria N. de C. Pacheco Amaral (D229)
Romantismo e Messianismo
  Michel Löwy (D234)
Correspondência
  W. Benjamin e G. Scholem (D249)
Isaiah Berlin: Com Toda Liberdade
  Ramin Jahanbegloo (D263)
Existência em Decisão
  Ricardo Timm de Souza (D276)
Metafísica e Finitude
  Gerd A. Bornheim (D280)
O Caldeirão de Medéia
  Roberto Romano (D283)
George Steiner: À Luz de Si Mesmo
  Ramin Jahanbegloo (D291)
Um Ofício Perigoso
  Luciano Canfora (D292)
O Desafio do Islã
  Roberto Romano (D294)
Platão: uma Poética para a Filosofia
  Paulo Butti de Lima (D297)
Ética e Cultura
  Danilo Santos de Miranda (D299)
Emmanuel Lévinas: Ensaios e Entrevistas
  François Poirié (D309)

Impresso na cidade de Cotia,
nas oficinas da Meta Brasil,
para a Editora Perspectiva.